ΟΛΥΜΠΙΑΚΟΙ
ΑΓΩΝΕΣ
JEUX OLYMPIQUES

RÉPUBLIQUE FRANÇAISE
CONCOURS
INTERNATIONAUX
D'ESCRIME
FLEURET
ÉPÉE
SABRE

WEDNESDAY
DAILY
WEDNESDAY
OFFICIAL·PROGRAM
WORLD'S·FAIR
LOUISIANA PURCHASE
EXPOSITION
ST. LOUIS, U.S.A.
1904

-VIIe OLYMPIADE-
ANVERS (BELGIQUE)
1920 AOUT-SEPTEMBRE 1920

PARIS _ 1924
VIIIe OLYMPIADE
JEUX OLYMPIQUES

OLYMPISCHE
SPIELE · 1928
AMSTERDAM

OLYMPIC GAMES
29 JULY 1948 14 AUGUST
LONDON

XV
JOCURILE OLIMPICE
HELSINKI FINLANDA

OLYMPIC GAMES
MELBOURNE
22 NOV–8 DEC
1956

SPORT
VERLAG

München 1972

Montréal 1976

OLYMPIAD 80
MOSCOU MOSCOW MOCKBA

SEOUL
1988

Barcelona'92

SPORT
VERLAG

100 Olympische Highlights

Momentaufnahmen
Athen 1896 – Atlanta 1996

Volker Kluge

Athen 1896
Seite 8

Paris 1900
Seite 16

St. Louis 1904
Seite 22

Antwerpen 1920
Seite 36

Paris 1924
Seite 40

Amsterdam 1928
Seite 46

Helsinki 1952
Seite 68

Melbourne 1956 Seite 76
Stockholm 1956 Seite 80

Rom 1960
Seite 82

Montreal 1976
Seite 112

Moskau 1980
Seite 118

Los Angeles 1984
Seite 120

Inhalt

Athen 1906
Seite 24

London 1908
Seite 26

Stockholm 1912
Seite 30

Los Angeles 1932
Seite 52

Berlin 1936
Seite 56

London 1948
Seite 62

Tokio 1964
Seite 90

Mexiko-Stadt 1968
Seite 96

München 1972
Seite 102

Seoul 1988
Seite 126

Barcelona 1992
Seite 136

Atlanta 1996
Seite 140

Inhalt

Geleitwort

des Präsidenten des Internationalen Olympischen Komitees

Die ersten Olympischen Spiele der Neuzeit wurden 1896 in Athen, der Wiege des Olympismus, ausgerichtet. 1996 wird die Olympische Bewegung feierlich die Spiele der XXVI. Olympiade, die Jahrhundertspiele von Atlanta, unter Beteiligung aller 197 Nationalen Olympischen Komitees begehen.

Die primäre Aufgabe der Olympischen Bewegung war und ist es, für den Athleten da zu sein. Er ist es, der ihren Kern ausmacht. Sie erfüllt diese Pflicht, indem sie alle Sportler der Welt auf die gleiche Ebene hebt, ungeachtet des politischen und ökonomischen Systems, dem sie angehören. Damit wird ihnen ermöglicht, unabhängig zu sein, sie werden in ihrer Entwicklung ermutigt, und es werden alle Formen der Diskriminierung bekämpft, die bei der Entfaltung ihrer Persönlichkeit und ihrer Integration in die Gesellschaft hinderlich sein könnten.

Die ersten hundert Jahre der modernen Olympischen Spiele wurden von Sportlerinnen und Sportlern geschrieben, deren großartige Leistungen dazu beitrugen, die Begeisterung über die Olympischen Spiele zu verbreiten. Damit halfen sie, den Sport zu der sozialen Kraft zu machen, die er heute ist. Ihr positives Beispiel trug dazu bei, jungen Menschen die Werte von Freundschaft und Fair play nahezubringen. Damit wurde der Weg geebnet zu einer besseren Zukunft für kommende Generationen und ein Beitrag geleistet, eine friedliche und bessere Welt mit Hilfe des Sports und des olympischen Ideals, wie es in der Olympischen Charta festgeschrieben ist, zu errichten.

»100 olympische Highlights« ist eine Sammlung von Porträts von Athleten und Geschichten der Olympischen Spiele der Neuzeit, von Athen 1896 bis Atlanta 1996. Berühmte Sportler, große Momente und denkwürdige Ereignisse sind in diesem Buch festgehalten worden. Allen Lesern möge es eine erbauliche und vergnügliche Lektüre sein!

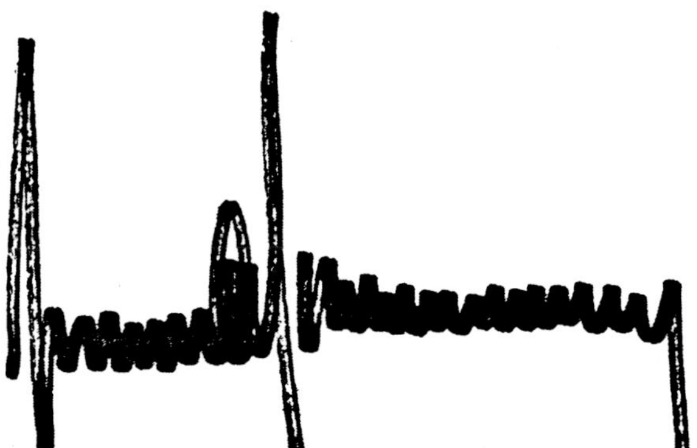

Juan Antonio Samaranch
Marqués de Samaranch

1

Die Spiele lernen laufen

100 Jahre dauert der Irrtum. Solange wird das obige Foto von 1896 als 100-m-Finale verkauft. Der zweite Läufer von links, angeblich wegen seines Starts belächelt, gilt als der US-Olympiasieger Thomas Burke. Tatsächlich ist es ein Bild vom zweiten Vorlauf, und der »Tiefstarter« ist ein anderer: Thomas Curtis aus San Francisco, der dann die 110 m Hürden gewann. Die Technik, »All Fours Start« genannt, war für Amerikaner nichts besonderes mehr.
Die 100-m-Vorläufe waren die ersten olympischen Wettkämpfe, demzufolge auch die ersten, die fotografiert werden konnten. Das Bild ist dem Deutschen Albert Meyer zu verdanken, der zusammen mit seiner Frau auf eigene Kosten nach Athen gereist war. Der Dresdner, der damals in Berlin lebte, war Hof-Photograph des Königs von Sachsen und des Herzogs von Sachsen-Meiningen, und nachdem Meyer nach der Rückkehr dem Herzog von Sachsen-Altenburg ein Album mit Olympia-Fotos verehrt hatte, bekam er noch ein Hof-Prädikat hinzu. Während alle anderen Athen-Fahrer zusetzten, war Meyer der einzige (und erste), der an den Spielen verdiente.

Allerdings mit sehr guter Arbeit, denn ohne ihn wüßte die Nachwelt über Athen 1896 sehr wenig. Zur Dokumentation zählt auch das nebenstehende, wenig beachtete Foto vom 100-m-Endlauf, der vier Tage später als die Vorläufe und auf der gegenüberliegenden Geraden stattfand. Burke gewann ihn in 12,0 s – die weiche Aschenbahn ließ keine schnelleren Zeiten zu. Der Weltrekord stand damals schon bei 10,8 s.
Neben Meyer fotografierten übrigens noch sechs andere, darunter auch der Amateur Thomas Curtis, der sich vor der Abreise eine gerade auf den Markt gekommene transportable Kodak-Handkamera gekauft hatte. Er selbst wurde später auch ein Erfinder: Als Elektroingenieur war er an der Entwicklung des Toasters beteiligt.

Die Spiele lernen laufen

Athen

Das Finale im 100-m-Lauf (Foto unten), v.l.n.r.: Fritz Hofmann (Deutschland/2.), Thomas Burke (USA/1.), Alexandros Chalkokondylis (Griechenland/5.), Alajos Szokolyi (Ungarn/3.), Francis Lane (USA/4.). Der ebenfalls qualifizierte Thomas Curtis (USA), Sieger des 2. Vorlaufes (Foto links), war nicht am Start. Rechts: Olympiasieger Thomas Burke (1875-1929) kam aus Boston, später hatte er dort eine Rechtsanwaltspraxis und schrieb als Journalist für das »Boston Journal« und die »Boston Post«.

2

Athen

Der erste Olympiasieger der Neuzeit

Als James Connolly, einer der ersten Harvard-Studenten aus Einwandererfamilien, die ein Stipendium erhielten, seinen Universitätstrainer um Erlaubnis bat, in Athen an den ersten Olympischen Spielen teilzunehmen, wies der ihn schroff ab: »Welche Spiele? Welches Athen?« Und sein Professor, Schirmherr des Athletik-Klubs, riet ihm, sich dann doch bei Harvard abzumelden.
Gesagt, getan. Der 30jährige verabschiedete sich und trat dem kleinen Suffolk Athletic Club in South Boston bei. Als die Abreise nahte, wurde ihm das Vereinsabzeichen – ein goldener Hirschkopf – ausgehändigt, und dann leisteten die Funktionäre einen Offenbarungseid: Statt der erforderlichen 325 Dollar für die Reise konnten sie ihm nur 250 zur Verfügung stellen. Was tun? Zwei sportbegeisterte Priester der St. Augustine-Kirche erfuhren davon, und sie organisierten einen Kuchenverkauf, um das restliche Geld aufzutreiben. Eine Dame namens Sabina Lydon buk die Kuchen, die für 5,25 Dollar verkauft wurden. Auf diese Weise sammelte die Gemeinde über neunzig Dollar, so daß Connolly am 20. März 1896 in New York doch noch mit seinen Mannschaftskameraden an Bord des Ozeanriesen »Fulda« gehen konnte. Über Bremen, Gibraltar, Neapel, mit der Eisenbahn nach Brindisi und wieder mit dem Schiff bis Patras ging die Fahrt, und erst 24 Stunden vor der Eröffnung kamen die Amerikaner in Athen an. Die Differenz von zwölf Tagen zwischen dem Julianischen und dem in Griechenland gültigen Gregorianischen Kalender hätte ihnen beinahe einen Strich durch die Rechnung gemacht.
Am nächsten Tag, am 6. April 1896, wurde Connolly im Dreisprung der erste Olympiasieger der Neuzeit.
1949 feierte seine Harvard-Klasse, der er wegen der Olympischen Spiele den Rücken gekehrt hatte, ihr »Fünfzigjähriges«, und die Universität verlieh dem 81jährigen, aus dem ein vielgelesener Autor von Seemannsbüchern geworden war, die Ehrendoktorwürde.

3

Athen

Die Gastgeber düpiert

Mit besonderem Eifer bereiteten sich 1896 die Gastgeber auf das Diskuswerfen vor, doch der US-Amerikaner Robert Garrett machte ihnen einen Strich durch die Rechnung. Niemals zuvor hatte er diese griechischste aller Disziplinen trainiert, jedenfalls nicht unter modernen Bedingungen. Als sich der Princeton-Student auf Athen vorbereitete, stieß er im Programm auf das Diskuswerfen, das er aus antiken Aufzeichnungen kannte. Garrett orientierte sich am »Diskobolos«, Myrons berühmter Statue, doch als er diesen »Stil« nachahmen wollte, machte das Schwierigkeiten. Und was viel schlimmer war: Nach der Beschreibung in einem Lexikon hatte sich der 20jährige einen Metalldiskus mit einem Durchmesser von dreißig Zentimetern und acht Kilo Gewicht schmieden lassen, doch diese Scheibe wollte und wollte nicht fliegen. Er hatte unberücksichtigt gelassen, daß der Diskus im alten Griechenland vor allem auch Kultgegenstand gewesen war.

Einen Tag vor dem Wettkampf in Athen angekommen, machte Garrett aber eine Entdeckung: Im Gras fand er den Diskus eines griechischen Athleten, und dieses Wurfgerät war viel leichter – nur zwei Kilo schwer – und viel kleiner. Er überredete seinen Konkurrenten, ihm die Handhabung zu erläutern, was dem Griechen besonders schmeichelte.

»Alle treten auf mit einem Mantel oder Überzieher über ihrer leichten Athletenkleidung (denn die Kälte nimmt bereits zu), dann wirft jeder der Reihe nach den Diskus. Aus der ungeschickten Art, mit der die meisten ihn werfen, geht jedoch hervor, daß sie vollständig ungeübt sind. Dagegen macht die Geschicklichkeit und die unübertreffliche Grazie der griechischen Diskuswerfer sogleich lebhaften Eindruck auf die Zuschauer und ruft die aufrichtige Bewunderung der Fremden hervor.« So heißt es in »Beck's Album« über den Wettkampf.

Doch dann kam alles ganz anders. Garrett war ein gelehriger Schüler gewesen. Und mit dem letzten Wurf, 29,15 m weit, übertraf er die wegen ihrer Technik so bewunderten Griechen. Eine nationale Tragödie, dennoch meldete die Chronik: »Als das Ergebnis der Zuschauermenge bekannt gegeben wird, macht sich eine gewisse Niedergeschlagenheit und Enttäuschung bemerkbar. Trotzdem erheben alle, als nunmehr zum zweiten Mal die amerikanische Flagge am Mast emporgeht, ein lautes Beifallsklatschen.«

Athen

4 David besiegt Goliath

Bei diesem ungleichen Paar handelt es sich um den Athener Bäcker Georgios Tsitas und den Berliner Feinmechaniker Carl Schuhmann. Der Deutsche war nur 1,59 m groß und um vieles leichter als sein griechischer Gegner, den er zwanzig Minuten nach diesem Handschlag im Ringkampf, der am Abend vorher wegen der hereinbrechenden Dunkelheit schon einmal vertagt werden mußte, besiegt hatte.

1896 stand in Athen nur der griechisch-römische Stil auf dem Programm. Gewichtsklassen gab es keine; und auch eine bestimmte Kampfzeit war nicht vorgeschrieben. Als besiegt galt, wer zuerst mit der Rückseite des Körpers den Boden berührte, was dauern und ziemlich schmerzlich sein konnte. Gerungen wurde nämlich in einem auf bloßer Erde abgesteckten Kreis.

Auch bei der Wettkampfkleidung herrschte Freizügigkeit. Während der Grieche den Flatter-Look in Weiß bevorzugte, trug Schuhmann das Kleid der Turner, zu deren Lager er gehörte. Am 9. April 1896, zwei Tage vor diesem Ringkampf, hatte er bereits im Pferdsprung gewonnen, womit er der erste deutsche Einzel-Olympiasieger geworden war. Da der 26jährige zudem zur deutschen Turnriege gehörte, die den Mannschaftswettkampf am Barren und Reck gewann, und er sich auch in der Leichtathletik und am Gewichtheben beteiligte, wurde das Multitalent mit vier ersten Plätzen der erfolgreichste Athlet der ersten Olympischen Spiele. Insofern war es nicht geschmeichelt, als König Georg I., der die Olympioniken zu einem Dinner empfing, Schuhmann bescheinigte: »Sie sind der populärste Mann in Griechenland; Sie sind populärer als ich.«

Das galt allerdings nur dort. Nach Hause zurückgekehrt, wurden Carl Schuhmann und seine Mannschaftskameraden von der Führung der Deutschen Turnerschaft für zwei Jahre von allen Wettkämpfen oberhalb der Kreisgrenze ausgeschlossen, weil sie die Frechheit besessen hatten, an Olympischen Spielen teilzunehmen, die sich dem Internationalismus verschrieben haben.

5

Athen

Sieger mit Radwechsel

»Olympische Spiele in Athen. Unser Landsmann Masson, Sieger des Radrennens«, lautet der Titel dieser Lithographie, die Ende April 1896 vom Pariser »Le Petit Journal« veröffentlicht wurde. Das farbige Blatt zeigt einen Rennfahrer, der sich die französische Trikolore umgeschlungen hat und auf den ein Hut schwenkender Herr zueilt, um Glückwünsche auszusprechen. Ringsherum, im Schatten der Athener Akropolis, das staunende Volk der Griechen.
Dem Künstler sei verziehen, daß ihm die Phantasie durchgegangen ist; und man kann nachempfinden, wie er vom Erlebnis der ersten Spiele beeindruckt gewesen sein muß. Die Authentizität konnten die Leser ohnehin nicht nachprüfen, denn bis auf wenige Fotos und Zeichnungen wurde die olympische Premiere nur spärlich dokumentiert. Der Film fehlte, nachdem die Gebrüder Lumière im Jahr vorher erstmals laufende Bilder gezeigt hatten.
Doch um olympische Begeisterung zu verbreiten, war auch diese Lithographie durchaus geeignet. Was schadete es, daß sich das Athener Velodrom weit weg von der Akropolis befand? Und daß Paul Masson dort nicht das Straßenrennen (wie hier assoziert), sondern auf der Bahn gewonnen hatte? Dafür aber gleich dreimal.
Das Straßenrennen, ohne Masson übrigens, ging über 87 km und wurde analog zur längsten Laufstrecke »Marathon-Radfahren« genannt. Die Strecke führte von Athen ins vierzig Kilometer entfernte Dorf Marathon, wo jeder Fahrer ein Protokoll zu unterzeichnen hatte; dann entlang der Küste zurück und hinaus nach Piräus, wo die Rennbahn lag. Schrittmacher waren erlaubt, und ohne diese hätte es am Ende vielleicht nicht einmal einen Sieger gegeben. Auf dem Rückweg kam es zu einer Reihe von Stürzen, bei dem das Rad von Aristidis Konstantinidis beschädigt wurde. Nachdem er den Staub abgeschüttelt hatte, griff er sich das Gefährt eines ihn begleitenden Freundes, und nach einigen Kilometern Verfolgungsjagd hatte er die Spitze wieder eingeholt. Noch einmal mußte er das Rad wechseln, ehe der Grieche – »beschmutzt wie er ist vom häufigen Fallen«, wie die Chronik schrieb – als Erster im Ziel ankam.

6

Athen

Ein Held wird geboren

Ob Antonin Forestier am 10. April 1896 unter den etwa 70 000 Griechen saß, ist nicht bekannt. Vielleicht nicht, denn als der Pariser Künstler diese Lithographie schuf, die die Ankunft des Marathonsiegers im Athener Olympiastadion zeigt, griff er auf ein Bild des griechischen Fotografen Ioannis Makropoulos zurück. Fürwahr, die Reise nach Athen war kostspielig und beschwerlich. Doch die Begeisterung, die von diesen ersten Olympischen Spielen ausging, muß auch weit entfernt noch ansteckend gewesen sein.

Das Blatt zeigt den Zieleinlauf. Zuvor hatte ein Böllerschuß den ersten Läufer angekündigt. Und wie die Atmosphäre im Stadion war, schildert wohl am besten »Beck's Album«, das heute als Offizieller Bericht gilt: »Endlich wird ein Mann im weißen Oberhemd sichtbar, sonnenverbrannt und schweißüberströmt, der ins Stadion einläuft: es ist Louis, der Sieger im Marathon-Lauf. Seine Schritte sind zwar müde, aber nicht völlig erschöpft, und er geht durch die Bahn nach der rechten Seite hin, begleitet von den Mitgliedern des Comitees und den Spielaufsehern. Der Kronprinz und Prinz Georg eilen auf ihn zu und laufen zu beiden Seiten neben ihm her. Der König erhebt sich, als der Läufer vor der Sphendone ankommt und sich grüßend verneigt, und schwenkt lange Zeit begeistert und mit lebhafter Rührung seine Marinemütze. Einige von den Adjutanten eilen auf Louis zu, umarmen und küssen ihn. Die beiden Prinzen, zu denen sich auch Prinz Nicolaus gesellt, heben den Sieger wie im Triumph empor, die offiziellen Gäste klatschen lebhaft Beifall.«

Spyridon (oder Spyros) Louis, wie der Marathonsieger hieß, war über Nacht zu einer lebenden Legende geworden. Eine vornehme Dame, so hieß es, soll sich ihr Herz aus der Brust gerissen und ihm zu Füßen gelegt haben. Ein Herr beließ es bei einer goldenen Uhr, von einem anderen erhielt er Pferd und Wagen, damit er, der Arme, nicht mehr zu Fuß laufen mußte. Wieder ein anderer, ein reicher Vater, bot Louis seine Tochter zur Frau an. Und die Wirte versprachen ein Leben lang kostenloses Essen und Trinken. Louis war ein gemachter Mann, und ein Nationalheld war geboren.

Ein Held wird geboren

Athen

Das Foto Albert Meyers zeigt einen jungen Griechen: Spyros Louis.
Der 23jährige trägt die weiße Fustanella der »Efsoni« – in dieser Elite-Einheit leistete er von 1893 bis 1895 seinen Militärdienst ab. Louis stammte aus dem für seine klaren Brunnen bekannten Amaroussion. Und da Athen damals keine Wasserleitung hatte, wurde das Wasser in Tonkrügen in die Haushalte transportiert. Als Junge half Spyros seinem Vater; später übernahm er das Fuhrgeschäft.
Beeindruckt vom freigelegten Grabhügel der 192 Athener Soldaten, die 490 v.Chr. bei Marathon das Perser-Heer zurückwarfen, schlug der französische Philologe Michel Bréal dem IOC-Gründer, Pierre de Coubertin, vor, anläßlich der ersten Olympischen Spiele der Neuzeit den Lauf des antiken Boten, der in Athen die Siegesmeldung überbracht hatte, zu wiederholen. Die Griechen waren begeistert. Man einigte sich auf eine Streckenlänge von vierzig Kilometern.
Was machte es, daß der Läufer, der nach den Worten »Freut euch, wir haben gesiegt!« tot zusammengebrochen sein soll, nur Legende ist? 2385 Jahre später sah man auf der holprigen Straße von Marathon nach Athen Gruppen von Soldaten. Verantwortlich für die Suche nach den ausdauerndsten Marschierern war Major Papadiamantopoulos, der zu Louis' Wasserkunden gehörte. Aus alter Bekanntschaft machte der Major ihn zu seinem Burschen, und nachdem er bei verschiedenen Botengängen dessen Kondition kennengelernt hatte, reihte er ihn auch noch ins Feld der Bewerber ein. Fünf Tage vor dem olympischen Rennen bestritt Spyros Louis somit den ersten sportlichen Wettkampf. Und schon am 10. April 1896 war er der am meisten gefeierte Olympionike. Für die vierzig Kilometer hatte er 2:58:50 h benötigt. 100 Jahre später sind die Besten fünfzig Minuten schneller. Und niemals wieder bestritt Spyros Louis einen Lauf.

7

Der Festungs-Marathon

1900 waren die Spiele der II. Olympiade in die Pariser Weltausstellung eingebettet, doch niemand sprach von ihnen. Das Angebot reichte von Tonnenrollen bis Ballonfliegen. Was aber war »olympisch«? Bis heute streiten sich die Experten.

Am 8. Juli fand zwischen Conflans und Paris ein Marathonlauf über 40 km für Profis statt. Kaum im Ziel schlug die Nachricht ein, daß es noch einen Lauf geben sollte – nur für Amateure. Sogar von Weltmeisterschaft war die Rede. Die Profis waren beleidigt, und die Presse höhnte über die Strecke, die auf den Verteidigungswall aus dem Deutsch-Französischen Krieg von 1870/71 rund um die Stadt gelegt worden war, wo die Pariser ihren Unrat ablegten.

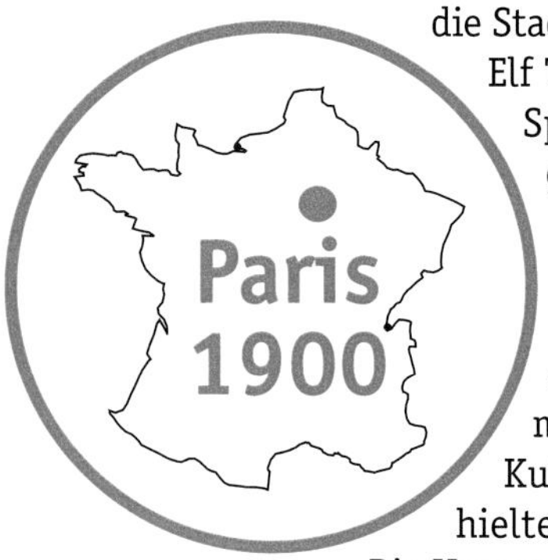

Elf Tage danach standen 19 Amateure an der Startlinie des Sportplatzes des Racing-Club de France im Bois de Boulogne. Die Temperaturangaben schwankten: Waren es 35 oder 39 Grad? Begleitet wurde das Feld über die Schlakkewege der »Fortifications« von einem Troß auf dem Fahrrad. Niemand sperrte ab; jeder war allein zuständig, sich durch die Schaf- und Kuhherden zu kämpfen, die man zu den Schlachthöfen trieb. Dazu die Flüche der Kutscher, der Spott der Zöllner, die die Läufer für Gaukler hielten.

Die Umrundung gelang. Nach knapp drei Stunden war Michel Théato als Erster im Ziel. Es hieß, er hätte gewonnen, weil er als Bäcker an die Hitze des Backofens gewohnt sei. Dem steht entgegen, was Théato im Ziel äußerte: »Ich arbeite als Möbeltischler, was mich aber nicht daran hindert, ein wahrhafter Amateur zu sein.« So streng waren die Ansichten. 1500 Zuschauer feierten ihn als »Weltmeister«, daß er vor allem Olympiasieger war, erfuhr er 1912, als ihm, der inzwischen mit der Stelle eines Gärtners im Bois de Boulogne ausgezeichnet worden war, der französische Sportverband eine Goldmedaille für seinen Marathonsieg verehrte.

Der Festungs-Marathon

Paris

Hitze-Marathon während der Pariser »Exposition«. Elf Tage nach den Profis (ganz links und unten) liefen die Amateure, von denen der gebürtige Luxemburger Michel Théato (Foto oben) als Erster das Ziel im Bois de Boulogne erreichte.

8

Paris

Sonntags-Geschichte

Der 15. Juli 1900 war ein Sonntag, und für die Flaneure im Bois de Bolougne war es ein netter Zeitvertreib, über den Zaun des Racing-Club de France zu schauen, wo athletische Wettkämpfe stattfanden. Von Weltmeisterschaften war die Rede. Daß es sich um Olympische Spiele handelte, erfuhren sie ebenso wenig wie die Sportler.

Als der Tag vorbei war, waren einige Amerikaner sauer. Ihre Teamleitung hatte ihnen zugesichert, daß der Stabhochsprung-Wettbewerb wochentags stattfinden würde. Nach der Hochsprung-Konkurrenz, die ihr Landsmann Irving Baxter mit 1,90 m gewann, verließen also die Besten von ihnen – Charles Dvorak und Bascon Johnson – den Platz, um sich in der Stadt zu vergnügen, während der gläubige Daniel Horton religiöse Einkehr hielt.

Auch Baxter war schon im Sonntagsanzug, als er seinen Namen rufen hörte. Der Stabhochsprung würde doch stattfinden, wurde ihm bedeutet. Schnell legte der 24jährige Student der Universität von Pennsylvania seine Straßenkleidung ab und forderte seinen Mannschaftskameraden Meredith Colkett, der irgendwo herumstand, zur Teilnahme auf. Ihre Gegner: vier Skandinavier (davon einer statt des üblichen Holzstabes erstmals mit einem aus Bambus), ein Franzose, ein Ungar. Baxter (siehe Foto) übersprang 3,30 m und wurde Sieger; Colkett mit fünf Zentimeter weniger wurde Zweiter. Aufsehen erregte, wie beide sich zwischen den Versuchen von einem Schwarzen massieren ließen.

Irgendwann wurden auch Preise verteilt, worauf ein Sturm der Entrüstung losbrach. Das »Journal des Sports« titelte »Le Scandal du Jour« und schrieb: »Den Teilnehmern an den Weltmeisterschaften sind Schundpreise gegeben worden.«

Wer Glück hatte, fuhr mit einer Bronzeplastik oder einem Service nach Hause, andere mit Portemonnaie, Regenschirm, Spazierstock oder einem Barometer mit »negativem Wert«. Ein angesehener Journalist riet, das »Zeug« mit der Widmung »Für Ihre Frau Gemahlin« zurückzusenden.

Und auch der Sonntags-Stabhochsprung hatte sein Nachspiel. Die drei düpierten USA-Sportler verlangten eine Revanche, und sie bekamen sie am nächsten Tag. Johnson hieß diesmal der Triumphator. Mit 3,38 m sprang er höher als Baxter 24 Stunden vorher. Damit jedoch nicht genug: Es gab weitere Anläufe, um die Wogen zu glätten. In einem dritten Wettbewerb gewann Horton mit 3,45 m vor Dvorak (3,35 m). Und schließlich folgte ein damals sehr populäres Handicap-Springen, das den Ungarn Jakob Kauser, dem als Vorgabe 45 cm zugestanden worden waren, vorn sah. Somit konnten sich nach diesen Spielen fast alle Beteiligten als Sieger fühlen.

9

Paris

Die erste Olympiasiegerin

Die Titelseite von »La Vie au grand Air« vom 22. Juli 1900 ziert eine Tennisspielerin mit Hut und langem Kleid: Charlotte Cooper, die als die erste Olympiasiegerin gilt. Für das Turnier während der Pariser Weltausstellung hatten sechs Damen gemeldet. Die Britin, »Chattie« (Schwätzchen) genannt, war die Prominenteste; schließlich hatte sie dreimal in Wimbledon gewonnen: 1895, 1896 und 1898. Als Mrs. Sterry holte sie 1901 und 1908 weitere Siege.
Im Finale von Paris fegte Charlotte Cooper mit einem Dreisatz-Erfolg (6:1, 6:1, 6:0) Mademoiselle Prévost vom Platz, wobei das schon erwähnte Journal der Britin bescheinigte, sie würde den Ball dreschen wie ein Mann, was durchaus als Kompliment zu werten war.
Im Halbfinale hatte sie die US-Meisterin von 1899, Marion Jones, ausgeschaltet. Die 20jährige Senatoren-Tochter aus Nevada, die als erste Amerikanerin einen Medaillenplatz belegte (Rang drei wurde jedoch nicht ausgespielt), war eigentlich zusammen mit ihrer Mutter nach Paris gekommen, um Musikunterricht zu nehmen.
Auch Margaret Abbott aus Chicago hielt sich dort mit ihrer Mama auf, um bei Degas und Rodin Kunst zu studieren. Da sie seit 1897 zu den Mitgliedern des Chicago Golf Clubs zählte und während der Weltausstellung ein Neun-Loch-Turnier für Ladies ausgeschrieben war, meldete sie, um sich die Zeit zu vertreiben. So wurde aus ihr im Herbst 1900 die erste Olympiasiegerin der USA.
Die überhaupt erste »goldene« Frau war aber möglicherweise eine ganz andere. Die Jacht »Lérina«, Beste in der Klasse 1–2 Tonnen, wurde von dem Schweizer Hermann de Pourtàles gesteuert. Der britische Sporthistoriker Ian Buchanan vermutet nun, daß die segelbegeisterte Gattin des Grafen, Helen mit Vornamen, ebenfalls im Boot saß. Und die Segelwettbewerbe waren ja schon im Juni ...

LA VIE AU GRAND AIR

ABONNEMENTS
Paris .... Un an 14 fr. Six mois 7 fr. 50
Province. — 15 fr. — 8 fr. »
Étranger. — 20 fr. — 10 fr. »

22 Juillet 1900. — N° 97
Rédaction et Administration : 370, rue Saint-Honoré, PARIS

PUBLICITÉ
Pages de Couverture, la ligne. 1 fr. 5
La Page. . . . . 600 fr.
Encartages. . . . . 500 fr.

Ungewohnt für deutsche Betrachter: das lebhafte Treiben der Buchmacher am Ufer. Und Aufsehen erregte Louis G. Abell, der Steuermann im amerikanischen Achter des Vesper Boat Club aus Philadelphia. Um sich bei seinen Ruderern verständlich zu machen, hatte sich der 16jährige ein neun Zoll langes Sprachrohr mit einer Bandage an den Kopf geschnallt.
Wie man auch zu Ruhm kommen konnte, zeigte sich im gesteuerten niederländischen Zweier von Minerva Amsterdam. Im Vorlauf hatten François Brandt und Roelof Klein gegen die Crew der Société Nautique de la Marne verloren, deren Boot – ebenso wie auch die anderen französischen Zweier – von einem Knaben gelenkt wurde. Hingegen saß bei den Holländern Hermanus Brockmann am Steuer, ein sechzig Kilo schwerer 29jähriger.
Die beiden Ingenieure entschlossen sich, Brockmann auszuwechseln – zumal er kurz darauf den Achter zu steuern hatte. Sie suchten sich einen Jungen, mit dem sie schließlich Olympiasieger wurden. Nach damaligen Zeitungsberichten war der Bursche sieben Jahre alt, andere meinen, daß er unter zehn gewesen sein muß.
Aber wie hieß er? Mit Sicherheit war er ein Franzose. Es gibt sogar ein Bild (links mit den Holländern) dieses jüngsten Olympiasiegers aller Zeiten, doch bis heute hat er keinen Namen. Niemand hat Ansprüche geltend gemacht, und auch kein Nachfahre konnte sachdienliche Hinweise geben.

10

Paris

Gesucht: ein Siebenjähriger

Das Bild der Ruder-Wettkämpfe während der Weltausstellung von 1900 auf der Marne in einem Bassin bei Asnières war verwirrend. Neun Rennen waren ausgeschrieben; die Organisatoren unterteilten in Senioren, Junioren und Debütanten, ohne zu überliefern, wo die Trennungslinien verliefen.
Und nicht nur das: Im Vierer mit Steuermann gab es Verständigungsprobleme wegen eines Ausscheidungsrennens. Um den Streit zu schlichten, setzte die Jury einen Tag nach dem Finale, das ein französisches Boot aus Roubaix gewann, noch ein zweites für alle Nichtqualifizierten an, so daß man danach in dieser Klasse mit dem Hamburger Germania-Vierer einen zweiten Seniorensieger hatte.

M. DE CHAMPSAVIN
Lieutenant instructeur à Saint-Cyr,
Gagnant de la Coupe au Concours Hippique de Paris, avec son cheval *Terpsichore*

11

Paris

Die Vierbeiner sprangen kürzer

Wer waren 1900 die Olympiasieger im Hoch- und im Weitsprung? Um das zu beantworten, sollte die Zusatzfrage »Mensch oder Pferd?« lauten, denn für beide standen diese Disziplinen auf dem Programm.

Im Vergleich jedoch erwiesen sich die Zweibeiner als die besseren Springer, denn die US-Amerikaner Irving Baxter und Alvin Kraenzlein erreichten 1,90 m bzw. 7,185 m. Hingegen brachten es die besten Vierbeiner nur auf 1,85 m und 6,10 m, wobei zu berücksichtigen ist, daß diese ja noch einen Reiter im Sattel trugen. Diese, ausschließlich Offiziere, hatten sogar die Chance, mit mehreren Pferden an den Start zu gehen. So war Gian Giorgio Trissino im Hochsprung unter 18 Bewerbern aus fünf Ländern sowohl Erster als auch Vierter. Platz eins, mit einem Kunstobjekt im Wert von 4000 Franc belohnt, mußte er sich mit dem Franzosen Dominique Maximien Gardére teilen, wobei der Offizielle Report der Weltausstellung vermerkte, daß die Höhe der Pferde differierte. Trissinos »Oreste« war 1,64 m hoch, Gardéres »Canela« nur 1,59 m. Ob die Preise an die Reiter gingen, ist nicht überliefert, denn neben diesen gab es ja auch noch die Besitzer der Tiere.

Im Weitsprung war eine Barriere vorgegeben, denn der zu überwindende Wassergraben maß 4,50 m. Pferde, deren letzter Huf bei weniger als 4,90 m aufkam, wurden von vornherein eliminiert. Von den 17 Teilnehmern übertrafen nur vier diese Marke. Eindeutiger Sieger wurde der Belgier Constant van Langhendonck, der eine achtjährige englische Stute namens »Extra Dry« ritt.

Neben einem Springreiten, in dem der französische Kavallerie-Leutnant Louis de Champsavin (Foto) Dritter war, wurde auch ein Vierer-Gespannfahren veranstaltet. Georges Nagelmackers aus Belgien war Bester unter 31 Konkurrenten.

Hoch- und Weitspringen übrigens wurden nie wieder bei Olympischen Spielen ausgetragen. Inzwischen stehen die Weltrekorde in diesen Disziplinen bei 2,47 m bzw. 8,40 m: erreicht von »Huaso« am 5. Februar 1949 in Vina del Mar und geritten von Hauptmann Alberto Larraguibel Morales (Chile) bzw. von »Something«, geritten von dem Südafrikaner André Ferreira am 26. April 1975 in Johannesburg.

12

Manche Hoffnung ging unter

Olympia wieder im Rahmen einer Weltausstellung, der Louisiana Purchase Exhibition, die mit einjähriger Verspätung die 100. Wiederkehr des Ankaufs von Louisiana feierte. Mit einem Telegrafensignal aus dem Weißen Haus gab US-Präsident Theodore Roosevelt das Startsignal für die 500-Hektar-Show, auf der alle Bundesstaaten und 35 Nationen aus Gips und Pappmaché Ausstellungspaläste errichtet hatten – Deutschland das Charlottenburger Schloß.
Vor der Landwirtschaftshalle und neben dem Ceylon-Pavillon befand sich der U.S. Life Saving Exhibit Lake, auf dem die amerikanische Lebensrettungsgesellschaft Übungen zeigte. Hier sollten Anfang Juli die olympischen Schwimm-Wettkämpfe stattfinden, doch was waren diese damals schon? Da das künstliche Gewässer nicht eher verfügbar war, mußten sich die Athleten bis September gedulden.

Um auf die erforderliche Länge einer Bahn von 50 Yards zu kommen, befestigten die Organisatoren im Wasser ein Floß, das aus heutiger Sicht an Thor Heyerdahls Kon-Tiki erinnert. Diese Bohlen stellten die Startblöcke dar, und nach dem Kommando des Starters hechtete ein halbes Dutzend Athleten in die trübe Brühe, worauf das Floß einen kräftigen Schwung bekam, was bei den Schwimmern indes völlig gegensätzliche Bewegungen auslöste. Und auch die Herren des Kampfgerichts bekamen Standschwierigkeiten. Die Wenden gestalteten sich an den Lattenrosten ebenfalls problemreich.
Der schnellste Sprinter kam aus Budapest: Zoltán Halmay. Bester Mittelstreckler war der US-Amerikaner Charles Daniels, später auch ein Top-Golfer und bekannter Silberfuchs-Züchter. Die langen Freistilstrecken beherrschte Emil Rausch. Er kam ebenso aus Berlin wie die Sieger im Rücken- bzw. Brustschwimmen Walter Brack und Georg Zacharias. Eine rein amerikanische Angelegenheit wurde der Kopfweitsprung. Sieger Paul Dickey tauchte 19,05 m.

13

St. Louis

Mit dem Auto ins Marathonziel

Über sieben Hügel, manche mit einer Steigung von 100 m, führte 1904 in St. Louis der Marathonlauf. Auf den Straßen lag zentimeterhoch Staub, und bei 32 Grad verpesteten mitfahrende Autos die Luft noch zusätzlich. Das erste Wasser erhielten die Läufer nach zwanzig Kilometern – aus einer Quelle.
Wer nicht aus einem der Autos versorgt wurde, hatte Pech wie der Briefträger Félix Carvajal, der sich in Havanna das Geld für eine Passage nach New Orleans erbettelte, und der, kaum angekommen, ausgeraubt worden war. Daraufhin blieb dem Kubaner nichts anderes übrig, als 1200 km per Anhalter zurückzulegen. Auch in St. Louis war er auf sich gestellt, und mangels anderer Nahrung pflückte er sich während des Laufes am Straßenrand unreife Äpfel. So kam er, von Magenkrämpfen gepeinigt, um seine olympischen Chancen.
Komfortabler hatte es da ein gewisser Fred Lorz. Dem 24jährigen New Yorker war nach 14 km der Strapazen genug. Daraufhin bestieg er eines der Begleitautos, und nach sechs Kilometern Fahrt sprang er erholt wieder herunter, um weiterzulaufen. Die Schiedsrichter beorderten ihn zwar zurück aufs Fahrzeug, doch fünf Meilen vor dem Ziel mußte in ihn der Teufel gefahren sein: Unter einem Vorwand stieg er erneut ab, mischte sich unter die im Rennen verbliebenen Athleten und ließ ohne Mühe seinen an der Spitze laufenden Landsmann Thomas Hicks hinter sich, dem – siehe rundes Bild – zwei Betreuer mit Eiern, Kognak, Kraftbrühe und Sulphat-Strychnin (einem Dopingmittel) gerade über eine Schwächeperiode hinweghalfen.
Spaß oder Berechnung? Unter dem Beifall von zehntausend Zuschauern rannte der vollkommen frische Lorz als erster ins Olympiastadion von 1904 ein; und am Francis Field angekommen, stahl er Hicks am Ende auch noch das bezaubernde Lächeln von Alice Roosevelt, der Tochter des US-Präsidenten, mit der er sich als vermeintlicher Sieger fotografieren ließ. Freilich währte der Ruhm nicht lange: Kaum war der erste Jury-Wagen angekommen, war Lorz entlarvt und lebenlang disqualifiziert. Ein Dreivierteljahr später gewann er – und ganz ehrlich – schon wieder den berühmten Boston-Marathon.

14

Prinz Georg lief mit

Zehn Jahre nach der Premiere von 1896 wieder Athen: diesmal zwar keine Spiele der Olympiade, wie vorgeschrieben im Rhythmus der vier Jahre; dafür Olympische Spiele, die nach den Pleiten von 1900 und 1904 von großer Bedeutung für den Fortgang der Dinge sein sollten. Und immer wieder Marathon. Doch zur großen Enttäuschung der Gastgeber gab es diesmal keinen griechischen Sieg, was Prinz Georg nicht hinderte, auf den letzten Metern im Stadion applaudierend neben Kanadas Olympioniken William Sherring herzulaufen.

Wieder rankten sich auch Legenden um den Sieger: Ein Bäcker versprach ihm täglich einen Laib Brot, ein Gastwirt für ein Jahr an jedem Sonntag ein Essen für sechs Personen, ein Friseur lebenslanges Haareschneiden – natürlich nur für einen Griechen. Sherring hingegen, so heißt es, bekam von seinen Landsleuten 5000 Dollar geschenkt. Auch ein Grundstück hätte er erhalten. Wahr ist, daß der 27jährige von seiner Regierung befördert wurde: vom Bremser der kanadischen Eisenbahn zum Inspektor.

Das allerdings hatte sich der Läufer aus Hamilton, Ontario, auch verdient. Extra wegen der Olympischen Spiele gab er seinen Job auf. Ein Leichtathletikverein spendete 75 Dollar, was für eine Fahrt nach Griechenland viel zu wenig war und weshalb Sherring das Geld beim Pferderennen auf einen Vierbeiner namens Cicely setzen ließ. Das Pferd gewann, und mit der so versechsfachten Summe konnte er schließlich auf die Reise gehen.

Zwei Monate jedoch kam der Kanadier zu früh in Griechenland an, weshalb er sich für die verbleibende Zeit eine Stelle als Schaffner bei der dortigen Eisenbahn suchte. Als der Tag des Marathonlaufs da war, wog er am Start ganze 42 Kilo, doch immer noch genug, um bis zum Ziel in Athen sechs Kilo zu verlieren.

15

Athen

»Gummi-mensch« Raymond Ewry

Es gibt keinen Athleten, der so effektiv an den Olympischen Spielen teilnahm wie Raymond Ewry, der wegen seiner Beweglichkeit »Gummimensch« genannt wurde. Der US-Amerikaner startete von 1900 bis 1908 (inklusive 1906) zehnmal und wurde zehnmal Erster – ausschließlich in den Sprungwettbewerben aus dem Stand, die nach dem 1. Weltkrieg aus dem olympischen Programm verschwanden.
Ewry wäre eigentlich schon zur olympischen Premiere in Athen für erste Ränge reif gewesen. 1896, als er Kapitän des Leichtathletik-Teams der Purdue-Universität war, erzielte er im Hochsprung aus dem Stand seinen ersten Weltrekord – 1,613 m. Diese Leistung übertraf er 26jährig 1900 bei den Spielen in Paris mit 1,655 m – ein olympischer Rekord, der später weder von ihm noch von seinem Nachfolger 1912 in Stockholm angetastet werden konnte.
Ebenfalls 1900 stellte Ewry im Dreisprung mit 10,58 m eine Bestmarke auf – ab 1906 wurde diese Disziplin nicht mehr ausgetragen. Sein bestes Weitsprung-Resultat ist auf 1904 in St. Louis, als er auf 3,476 m kam, datiert.
Fünfjährig war Ewry an Kinderlähmung erkrankt und an den Rollstuhl gefesselt. Davon befreit, trainierte er seine Beinmuskulatur mit einer beispiellosen Energie, so daß er sich 1890, als er zu studieren begann, zu einem Sprungwunder entwickelt hatte. Dennoch wurde er die Folgen seiner Erkrankung nie ganz los: Zeitlebens hinkte Ewry, der später bei der New Yorker Wasserwirtschaft als Ingenieur arbeitete und der auf einem feuchten Hausboot auf dem Long Island Sound lebte. 1937 starb er an Knochentuberkulose.

16

Hürdenlauf mit der Bibel?

Zu sehen ist der Olympiasieger im 110-m-Hürdenlauf Forrest Smithson, der mit 15,0 s den ersten offiziellen Weltrekord auf dieser Strecke lief. In seiner linken Hand trägt der US-Amerikaner ein Buch, bei dem es sich um die Bibel handeln soll, womit er – so die Legende – gegen Sonntagswettkämpfe protestieren wollte.

Der 26jährige aus Portland, Oregon, war ein gläubiger Athlet. Bei den Baptisten zählte er zu den Predigern. Diese Story jedoch hat einen Haken, denn 1908 in London war sonntags Sportruhe. Smithson wurde am 25. Juli 1908, der auf einen Samstag fiel, Olympiasieger. Nach seinem Rennen an diesem letzten Tag der Leichtathletik überreichte Königin Alexandra die Medaillen. Da Smithson allein zu sehen ist, wie er die Hürde überwindet, kann man wohl davon ausgehen, daß es sich um ein gestelltes Bild handelt. Vielleicht wurde es vor dem Finale geschossen, möglicherweise beim Training. Das könnte auch erklären, wieso Smithsons Teamkameraden im Innenraum der Arena geruhsam zuschauen. Und für eine Bibel scheint das Buch, das Smithson in der Hand hält, außerdem etwas zu dünn geraten. Als weit wahrscheinlicher kann deshalb gelten, daß der Olympiasieger dieses Kunststück deswegen vorführte, um seine technische Perfektion zu zeigen.

Ungeachtet dessen war das Problem der Sonntagswettkämpfe bei den Olympischen Spielen lange Zeit existent. 1924 beispielsweise wäre der schottische Pfarrer Eric Liddell gern die 100-m-Strecke, auf der er sich Medaillenhoffnungen machen konnte, gelaufen, doch er verzichtete, weil die Vorläufe an einem Sonntag ausgetragen wurden. Der Not gehorchend, meldete er über 400 m, um dann an einem Freitag in Weltrekordzeit Olympiasieger zu werden. In dem mit sechs »Oscars« ausgezeichneten Hollywood-Streifen »Chariots of Fire« ist die wahre Geschichte verfilmt worden.

17

London

Ohne Gegner zum Olympiasieg

1908 lieferten sich die Briten und US-Amerikaner einen erbitterten Zweikampf. Für das Finale im 400-m-Lauf am 23. Juli 1908, 17.30 Uhr, in Shepherd's Bush hatten sich die drei US-Athleten John Carpenter, John Taylor und William Robbins sowie der Schnellste der Vorkämpfe, der Brite Wyndham Halswelle, qualifiziert.
Der Endlauf fand nicht in abgesteckten Bahnen statt.
Halswelle ließ die Amerikaner Tempo machen und verließ sich auf sein »tödliches« Finish. Als er versuchte, außen am führenden Carpenter vorbeizukommen, drängte der den Konkurrenten von der Bahn. Das galt als »Taktik«. Der Amerikaner war als Erster im Ziel, inoffiziell in 48,6 s, doch Harry Goble, der Starter, hatte schon den Arm gehoben, und nach halbstündiger erbitterter Diskussion unter den Funktionären beider Länder lautete das Urteil: »No race«. Das Rennen wurde ohne den disqualifizierten Carpenter neu angesetzt.
Zur Wiederholung zwei Tage später – diesmal in abgesteckten Bahnen – fehlten aber auch die beiden anderen Amerikaner, so daß Halswelle allein laufen mußte und wofür er sich 50 s Zeit nahm.
Der kampflose Sieg aber machte ihn wenig glücklich. Schon eine Woche später nahm der 26jährige Leutnant im Park von Glasgow vor 15 000 Zuschauern seinen sportlichen Abschied. Als Hauptmann zog er in den 1. Weltkrieg, wo sein Regiment in Frankreich schwere Verluste hinnehmen mußte. Im Bulletin von 1915 hieß es: »Alles war ruhig und friedlich im Morgengrauen des 31. März, als Hauptmann Halswelle, der gerade einen Abschnitt des Schützengrabens inspizierte, der in der vergangenen Nacht unter schwerem feindlichen Beschuß gelegenen hatte, von einem Kopfschuß getroffen zu Boden stürzte. Vier Männer trugen ihn ungefähr 300 Yards Richtung Hinterland, wo er nahe eines Bauernhofes begraben wurde.«

18 London

Unglückseliger Dorando Pietri

Wenn es den antiken Boten namens Pheidippidis tatsächlich gegeben hat, so ist er allerdings im Jahre 490 v.Chr. lediglich eine Strecke von 34,5 km gelaufen – denn die Strecke von Marathon nach Athen führte im Altertum direkt über den steilen Berg Pentilikon. Die modernen Nachfahren des »Marathonläufers« hingegen entschieden sich für die flache Variante entlang des Meeres, die dafür mit vierzig Kilometern ein wenig länger ausfiel.
Am Ende aber einigte man sich auf 42 195 Meter, und diese ungerade Zahl ist einer königlichen Laune zu verdanken. Als Startort für den olympischen Marathon von 1908 wurde der königliche Sommersitz von Windsor festgelegt, und bis zum Ziel im Londoner White-City-Stadion betrug die Entfernung genau 26 Meilen. Als aber die Prinzessin von Wales den Wunsch äußerte, mit ihren Kinder den Beginn des Laufes von der Ostterrasse des Schlosses mitzuerleben, wurde die Distanz noch um 385 Yards verlängert, woraus später umgerechnet die bis heute verbindlichen 42,195 km für den Marathonlauf wurden.
Diese 385 Yards (oder 355 m) wurden allerdings auch zum Verhängnis eines Italieners namens Dorando Pietri. 75 000 Zuschauer mußten zuschauen, wie er als erster Läufer in die Arena torkelte. Der 22jährige Pizza-Bäcker aus Carpi hatte Schwierigkeiten, die richtige Richtung zu finden. Vor seinen Augen schien ein Schleier zu hängen.
Erschöpft stürzte er auf die Aschenbahn, er rappelte sich nach oben, stürzte wieder – insgesamt fünfmal. Das letzte Mal direkt vor der Königsloge. Sicherlich hätte sich der Athlet so mit eigener Kraft auch noch ins Ziel retten können. Doch dazu sollte er keine Gelegenheit bekommen.
Als nämlich der nächste Läufer, der US-Amerikaner Johnny Hayes, das Stadion betrat, wurden zwei Herren – Cheforganisator Jack Andrew (der mit dem Sprachrohr in der rechten Hand) und der Arzt Dr. Michael J. Bulger – vom Mitgefühl übermannt. Sie rissen Pietri nach oben, griffen ihm unter die Arme und schleppten ihn entschlossen über die Ziellinie, wo der Italiener in eine tiefe Ohnmacht sank.
Für ihn war es ein schlimmes Erwachen, denn nach einem Protest der USA-Teamleitung hatte die Jury ihn »wegen Annahme fremder Hilfeleistung« disqualifiziert und Hayes zum Sieger erklärt; und das, obwohl Pietri doch viel zu schwach gewesen war, die Assistenz seiner Helfer zurückzuweisen. 42,195 km – und alles für umsonst.
Doch während inzwischen der Name von Hayes längst vergessen ist, verhalf erst diese Tragik Dorando Pietri zur Unsterblichkeit. Die richtige Nase hatte wieder einmal Sir Conan Doyle, der brillante Verfasser berühmter Kriminalromane. In der »Times« machte er den Vorschlag, den Unglücksraben mit einem »Trostpreis« auszuzeichnen, was dann auch geschah. Aus den Händen von Englands Königin Alexandra erhielt Dorando Pietri den »Queens Cup«.

Cheforganisator Jack Andrew und der Arzt Dr. Michael J. Bulger waren diejenigen, die den entkräfteten Italiener Dorando Pietri ins Marathonziel schleppten (ganz links). Die Legende, wonach Kriminalautor Conan Doyle daran beteiligt gewesen sein soll, ist unzutreffend. Seine Tochter, danach befragt, konnte ihren Vater auf keinem der Fotos entdecken. Links: Dorando Pietri mit dem »Queens Cup«.

London

Unglückseliger Dorando Pietri

19

Elf Stunden Aug in Aug

In keiner anderen Sportart herrschte 1912 eine solche Verwirrung wie im Ringen, das allein im griechisch-römischen Stil und unter freiem Himmel ausgetragen wurde, denn in jedem Land wurden damals andere Regeln praktiziert. Zwar stellten die gastgebenden Schweden für die Stockholmer Spiele ihr Reglement allen teilnehmenden Mannschaften zur Verfügung, doch vor Ort war manche Vorschrift auf einmal ganz anders, so daß es wütende Proteste hagelte.

Unvorstellbar heute vor allem, daß die Höchstzeit für eine Runde eine Stunde betrug; und gelang es in den ersten dreißig Minuten keinem Kontrahenten, eine Wertung zu erzielen (für eine gute Attacke ein Punkt, für eine, bei der Gegner zu Fall kam, zwei), mußte das Match um eine halbe Stunde verlängert werden. Vorzeitig entschieden war der Kampf allein durch Schultersieg. Doch solche kamen höchst selten vor. Häufiger war es, daß sich Ringer müde über die Matte schubsten, ohne einen Wertungspunkt zu verbuchen. So verging die Stunde, und der ersten Verlängerung folgte die nächste, die übernächste, die überübernächste ... Und die Zuschauer wandten sich im Stadion anderen Wettkämpfen zu. So standen sich in glühender Sonne im Mittelgewicht A der für Rußland startende Martin Klein (rechts im Bild) und der Finne Arthur Asikainen nicht weniger als elf Stunden Aug in Aug gegenüber. Jede halbe Stunde gab es eine kurze Pause, in der sie sich erfrischen konnten. Letztlich bekam Klein Silber, Asikainen Bronze. Im Kampf um den Olympiasieg im Mittelgewicht B rangen der Schwede Anders Ahlgren und der Finne Ivar Böling neun Stunden ohne eine Entscheidung. Folglich wurde die Goldmedaille einbehalten, beide auf Rang zwei gesetzt. Als die Spiele zu Ende waren, herrschte Einigkeit, daß es nun endlich notwendig sei, einen internationalen Verband zu gründen, was dann auch geschah.

20

Stockholm

»Schwäne« mit Adleraugen

Als der schwedische Schütze Oscar Swahn, dessen Markenzeichen ein langer weißer Bart war, 1908 erstmals bei Olympischen Spielen an den Start ging, war er sechzig Jahre alt. Sein Sohn Alfred, mit dem er gemeinsam in der Mannschaft Olympiasieger in der Disziplin »Laufender Hirsch« wurde, zählte 29 Lenze. Vier Jahre später, 1912, wiederholten beide den Erfolg; nur in der Einzelwertung fand ein Tausch statt: In London gewann der Vater Gold in der Kategorie »Einzelschuß«, in Stockholm der Junior. Im »Doppelschuß« war Oscar (Rang 3) noch einmal besser als Alfred (Platz 4).
Die schwedischen »Schwäne« haben bei den olympischen Highlights für alle Zeiten Maßstäbe gesetzt. Vater und Sohn gemeinsam als Olympioniken – das allein ist schon Rarität. Dazu hält Swahn-Senior gleich noch weitere zwei Rekorde: Mit 64 Jahren und 257 Tagen ist er der älteste Olympiasieger aller Zeiten, mit 72 Jahren und 279 Tagen sowohl ältester Medaillengewinner als auch der Methusalem unter den Teilnehmern. Erneut in einem Team mit seinem Sohn gewann er 1920 in Antwerpen Olympia-Silber.
Die Swahns stammen aus Bohüslan, der Gegend um Göteborg, wo das Schießen zum Volkssport zählt. Kein Schützenfest, von dem sie ohne Preise nach Hause gegangen wären. Jagdgewehre zählten bei ihnen zum Haushalt wie in anderen Familien der Besen. Die Trophäensammlung von Oscar Swahn, die er zwischen 1863 und 1920 anlegte und die heute im Stockholmer Armeemuseum zu sehen ist, besteht aus nicht weniger als 2000 Stücken.
Beinahe wäre Oscar Swahn, der zwar eine Brille besaß, aber beim Schießen sein Adlerauge behalten hatte, auch noch 1924 in Paris dabei gewesen – als beinahe 77jähriger. Schon qualifiziert, mußte er schließlich Alfred wegen einer Erkrankung allein reisen lassen.

21

Stockholm

»Der größte Athlet«

Der schwedische König überreichte 1912 dem Indianer James Thorpe die Goldmedaillen für Siege im Fünf- und Zehnkampf mit den Worten: »Sir, you are the greatest athlete of the world«. Thorpes Antwort: »Thanks, King«. Gustaf V. hatte ein gutes Urteilsvermögen: Der 24jährige mit dem indianischen Namen Wo-Tho-Huck (»Leuchtender Pfad«) war der überragende Athlet. In vier Disziplinen des Fünfkampfs war er Bester; im Zehnkampf stellte er einen Weltrekord auf, der noch 1948 ausgereicht hätte, um Silber zu gewinnen. Bei seiner Rückkehr nach New York wurde er im offenen Wagen durch die Fifth Avenue gefahren; eine Million Menschen huldigte ihm. Präsident Taft pries ihn »als wertvollsten Typ des amerikanischen Bürgers«. Am 20. Januar 1913 enthüllte die Zeitung »Discovery«, Thorpe hätte in seiner Zeit auf der Carlisle Indian School für Geld Baseball gespielt, was als Amateur ein Vergehen war, obwohl alle Universitäten längst versteckte Zahlungen praktizierten.

Thorpe dachte sich nichts Schlechtes, als er zugab, 1909/10 in der Saison einer unteren Liga von North Carolina 25 Dollar wöchentlich erhalten zu haben, was ihn nach den Regeln tatsächlich zum Professional stempelte. So sahen das auch die Führer der Amateur Athletic Union, die nichts Eiligeres zu tun hatten, den Vorfall an das IOC zu melden, das nach eingehender Beratung beschloß, Thorpe rückwirkend zu disqualifizieren, die ihm verliehenen Medaillen und Preise einzuziehen und den jeweils Nächstbesten zu überreichen. Ein Leben lang kämpfte Thorpe um Rehabilitierung. Er war schon dreißig Jahre tot, als die IOC-Exekutive ihn als Olympiasieger wieder einsetzte, ohne indes das 1913 revidierte Resultat zu verändern. Seinen Kindern überreichte IOC-Präsident Juan Antonio Samaranch Repliken der Goldmedaillen von 1912.

22

Stockholm

Nach über 54 Jahren im Ziel

Japan nahm erstmals 1912 teil – mit zwei Leichtathleten und vier Funktionären. Bei der Eröffnung durfte Shizo Kanaguri die Fahne mit der aufgehenden Sonne tragen. Der 20jährige Student hatte sich für den Marathonlauf qualifiziert – und das mit der damals schnellsten bekannten Zeit von 2:32:45 h, weshalb man auch Zweifel an der Länge der Strecke hegte.

Lang war der Weg, den Kanaguri in die Olympiastadt zurücklegen mußte. Einen Monat dauerte die Reise mit der Transsibirischen Eisenbahn. Um die Fahrkarte zu finanzieren, hatten seine Kommilitonen eine Sammlung veranstaltet. Mehr als fünf Wochen blieben, um sich an die Bedingungen in Stockholm zu gewöhnen, doch als der Marathon-Tag da war, stiegen die Temperaturen örtlich auf bis zu fünfzig Grad. Die Läufer litten Höllenqualen, und einer von ihnen, der Portugiese Francisco Lazaro, starb an einem Hitzschlag.

Kanaguri stand das Rennen bis zum 30. Kilometer durch. Als er an einem Haus vorbeikam, vor dem ein Bewohner Saft trank, verweigerten seine Beine den Dienst. Augenblicklich blieb er stehen und bat um etwas zu Trinken. Der Japaner wurde ins Haus gebeten, wo er eine Liege stehen sah. Kanaguri entschloß sich, ein wenig auszuruhen, und auf der Stelle schlief er ein.

Im Stadion wartete man vergeblich auf ihn, und weil er überfällig war, wurde die Polizei eingeschaltet. Als Kanaguri am nächsten Morgen erwachte, weigerte er sich aus Scham, in seine Heimat zurückzukehren; schweren Herzens tat er es dann aber doch. 75jährig, im April 1967, kam Professor Shizo Kanaguri nach Stockholm zurück. Er setzte seinen Lauf dort fort, wo er ihn einst abgebrochen hatte. Und nach 54 Jahren, acht Monaten, sechs Tagen, 32 Minuten und 20,3 Sekunden erreichte er doch noch das Ziel (kleines Foto).

23 Stockholm

Mit Anstand am Start

Für Pierre de Coubertin waren die Olympischen Spiele das »feierliche und periodische Auftreten der männlichen Athletik ... mit dem Beifall der Frauen als Belohnung«. Sportlerinnen fand er »unpraktisch« und »unästhetisch« – der Baron ein wirklicher »Chauvi« also. Und als er spürte, daß er die Frauen nicht für immer würde fernhalten können, konzentrierte er sich darauf, sie wenigstens aus dem Olympiastadion, dem Zentrum der Spiele, zu verbannen. 1912 in Stockholm mit Erfolg, denn Olympiamedaillen winkten den Damen nur im gesellschaftlich anerkannten Tennissport sowie im Schwimmen und Wasserspringen. Und letztere wurden weitab ausgetragen.

Dabei ging doch alles ganz gesittet zu. Die Damen zeigten sich hochgeschlossen. Die Schwimmtrikots mußten aus einem dunklen Wollstoff sein, der sich im Wasser – wie unpraktisch – schnell vollsaugte. Ein wenig schienen die Regeln allerdings inzwischen gelockert, denn für 1908, als nur Herren zugelassen waren, verlangte die Vorschrift noch einen Anzug, der drei Inches (etwa 7,5 cm) über dem Knie zu enden hatte.

In der siegreichen britischen Staffel von 1912 schwammen die 17jährige Schottin Bella Moore, die Engländerinnen Jennie Fletcher (22) und Annie Speirs (23) sowie die Waliserin Irene Steer (22/v.l.n.r.). Jennie Flechter, die auch Bronze über 100 m Freistil gewann, war eines von elf Kindern einer Arbeiterfamilie aus Leicester; erst nach 12stündigem Arbeitstag konnte sie trainieren. Dennoch schlugen die Eltern 1907 das Angebot aus, mit der Australierin Annette Kellerman, die später in »Neptune's Daughter« ein großer Stummfilm-Star wurde, Profi zu werden.

Die Dame im langen Rock in der Mitte des Fotos war Miss Jarvis, und es handelte sich um die Schwester eines Schwimm-Olympiasiegers von 1900. Um eventuelle »Vorkommnisse« zu vermeiden, übte sie das Amt einer Anstandsdame aus. Es gab keine Klagen.

24

Stockholm

»Mutter Olympia«

In seinen »Olympischen Erinnerungen« schrieb Pierre de Coubertin über 1912: »Ein Rekord. Eine Schwedin, Frau Wersäll, hatte sechs Söhne bei den Spielen im Einsatz, die jüngsten halfen als boy-scouts, die Ordnung aufrechtzuerhalten, und sie führten etliche Aufträge aus. Ist das nicht antik? Das IOC hat ihr die Olympische Medaille verliehen.«
Charlotte Wersäll (Foto) erhielt zwei Monate nach den Spielen eine goldene Medaille, die das IOC aus Anlaß der olympischen Wiedererweckung gestiftet hatte. Vor ihr bekamen nur Kronprinz Gustaf Adolf und Organisationschef Viktor Balck das IOC-Präsent. Wer auf die Idee kam, auch Frau Wersäll zu ehren, bleibt unklar. Vielleicht Coubertin selbst. Immerhin war sie die Ehefrau des Bezirkshauptmanns von Vestmanland, und die Familie wohnte in Västerås in einem Schloß. Zwei Söhne waren Hauptmänner, einer Rittmeister, was damals besonders viel galt.
Allerdings war Coubertin unzureichend informiert. Von den insgesamt neun Söhnen (und einer Tochter) waren in Stockholm nicht sechs, wie er schrieb, sondern vier dabei: Der 24jährige Cläes Axel wurde Mannschafts-Olympiasieger im Turnen, der ein Jahr ältere Erik Gustaf Zehnter im Modernen Fünfkampf. Hinzu kamen Adolf (27), der als Starter fungierte, sowie der 12jährige Otto, der als Pfadfinder half. Ein weiterer Sohn, Ture Wersäll, war mit dem schwedischen Team Dritter im Tauziehen, allerdings schon 1906.
Bei Orden ist es wie mit Bomben. Es trifft immer die Falschen. Deshalb stellte »Nordisk Idrottslif« die Frage, ob Selma Andersson aus Stockholm nicht eher eine Medaille verdient hätte, denn drei ihrer Söhne und eine Tochter nahmen 1912 im Schwimmen, Wasserball oder Wasserspringen teil. Und Aktive zählen mehr als Funktionäre. Oder?

25

Der Chevalier der Königin

Der Fechter, der die Schwurhand nach oben reckt, ist Victor Boin, Fahnenträger der Belgier 1920 in Antwerpen, wo erstmals nach dem 1. Weltkrieg Olympische Spiele stattfanden. Jene von 1916, die an Berlin vergeben worden waren, hatten ausfallen müssen.
Erstmals wehte in Antwerpen die weiße Fahne mit den fünf olympischen Ringen, erstmals flatterten Friedenstauben, zum ersten Mal wurde der olympische Eid gesprochen, der die teilnehmenden Athleten verpflichtet, die Regeln zu achten, fair zu kämpfen und zum Ruhm ihrer Mannschaften beizutragen. Worte, die Pierre de Coubertin selbst formuliert hatte.

Seitdem mag es manchen Meineid gegeben haben, nicht jedoch durch denjenigen, der als Erster für alle sprach. Auf Victor Boin war die Wahl gefallen, weil er das dritte Mal teilnahm, davon 1908 und 1912 in zwei Sportarten: Fechten und Wasserball. In Paris 1924 war er in Doppelfunktion: Er hielt sich für seine Degenmannschaft in Reserve und schrieb für die Zeitung »Le Nation Belge«. Journalist seit 1903, gründete er in Paris am Rande mit dem Organisationschef der Spiele, Frantz-Reichel, die Internationale Sportjournalistenvereinigung. Später wurde er Präsident der AIPS.

Als Athlet betrieb Boin neben Fechten, Wasserball und Schwimmen auch Judo und Boxen. Er ruderte, im Winter spielte er Eishockey und nahm an Kunstlauf-Konkurrenzen teil. Als Funktionär präsidierte er dem belgischen NOK, auch Militärverbänden, dem königlichen Aero- und Automobil-Club.
Er war Theaterkritiker, ein Liebhaber der Musik, Conférencier, Freund vieler großer Künstler und Literaten – und immer ganz Chevalier. Dem Sport diente er als Journalist und Schiedsrichter, und über alles ging ihm das Flugwesen: im Frieden wie im Krieg, wo er von 1914 bis 1918 der persönliche Pilot von Belgiens Königin Elisabeth war.

26

Antwerpen

»Paarlauf« in Antwerpen

Auf dem IOC-Gründungskongreß von 1894 war der Eislauf in die Reihe der wünschenswerten Sportarten aufgenommen worden; Winterspiele waren noch kein Thema. Bestandteil der Londoner Spiele von 1908 waren jedoch Kunstlauf-Wettbewerbe, die auch 1920 in Antwerpen auf dem Programm standen – der günstigeren Vereisung wegen schon im April, und damit gut ein Vierteljahr vor den Hauptwettkämpfen.
Sechs Damen bewarben sich um Olympia-Gold, das am Ende an die 25jährige Schwedin Magda Julin ging, die das Eislaufen in Vichy erlernt hatte, wo ihr Vater ein Sportinstitut leitete. Den Schwerpunkt legten die Preisrichter auf präzise Figuren in der Pflicht, lange das A und O des Eislaufens. Die Kür bestand vor allem aus Schrittkombinationen. Ein oder zwei Sprünge mögen dabei gewesen sein, doch sie hatten noch nicht einmal einen Namen. Und das Kostüm? Natürlich langes Kleid und ein Hut mit Federbusch. Geübt wurde in der Regel nur im Winter – auf zugefrorenen Seen oder auf Natureisbahnen. Magda Julin konnte von sich behaupten, ihren Olympiasieg als wirkliche Solistin errungen zu haben. Sieht man einmal von ihrer Tante ab, an deren Hand sie das Laufen auf den schmalen Kufen erlernte, so hatte sie niemals einen Trainer. Völlig allein war sie damals in Antwerpen allerdings auch nicht: Die erst kürzlich Vermählte war im vierten Monat schwanger, und am 8. September 1920 schließlich wurde ihr ein Sohn namens Åke geboren. 1985 ging Magda Julin letztmals aufs Eis. Allerdings zog sie die Schlittschuhe nur noch für die Fotografen an – damals war die Stockholmerin schon 90jährig. Bei ihrem Tod 1990 war sie über 96 Jahre alt.

27 Antwerpen

Springen oder laufen?

Kann man schneller laufen oder springen? Diese Frage beantwortete der US-Sprinter Charles Paddock 1920 auf seine Art: Mit einem Zielsprung riß er auf den letzten Metern noch den Olympiasieg aus dem Feuer, den er nach schwachem Start verloren glaubte.
Charlie, wie man ihn nannte, war erst 20 Jahre alt und hatte die Kraft eines jungen Bullen. Als Unterleutnant diente er im letzten Jahr des 1. Weltkriegs im Stab von General Pershing, und mit einem Doppelsieg über 100 und 200 m empfahl er sich 1919 als Läufer bei den Interalliierten Spielen in Paris. Auf die Idee, Rennen mit einem Zielsprung zu entscheiden, war er 1916 in seiner Oberschulzeit in Pasadena gekommen. Damals überraschte ihn ein dahinterliegender Konkurrent mit dieser Methode.
Fortan begann Paddock, diese Technik zu trainieren. Da er Erfolg damit hatte, fand er Nachahmer und löste Diskussionen unter Athleten und Trainern aus. Die einen waren dagegen, andere sahen einen Vorteil. Die Zahl der Befürworter wuchs, je schneller Paddock, der sich in seiner Autobiographie selbst »The Fastest Human« nannte, rannte. Am 23. April 1921 lief er mit 10,4 s 100-m-Weltrekord; doch als für ihn zwei Monate später 10,2 s gestoppt wurden, verweigerte man ihm die Anerkennung. Die Begründung: Die Strecke war zu lang, was stimmte. Paddock hatte diese Zeit nämlich nicht über 100 m, sondern über 110 Yards, gleich 100,58 m, erreicht ...
Je älter und schwerer Paddock wurde, umso mehr versagte aber seine Geheimwaffe. 1924 in Paris wurde er nur Fünfter, 1928 in Amsterdam schied er über 200 m im Semifinale aus. Sein Comeback-Versuch von 1932 scheiterte. Als Journalist stürzte er sich nun ins Pressegeschäft, und bald kontrollierte er als Vizepräsident bzw. Generalmanager vier große kalifornische Blätter. Im 2. Weltkrieg war er der Presseoffizier von William Upshur, dem kommandierenden Marine-General im Pazifik. Am 21. Juli 1943 stürzte das Flugzeug mit ihnen über Alaska nahe Sitka aus unbekannten Gründen ab.

28 Antwerpen

Als Maurer kein Amateur

Einziger Ruderer, der bei den gleichen Spielen zweimal gewann, war der US-Amerikaner John Kelly (auf dem Foto links). 1920 siegte er im Einer, dreißig Minuten später mit Paul Costello im Doppelzweier. 1924 wiederholten beide den Erfolg. Kelly gewann 126 Rennen hintereinander, aber die berühmten »Diamond Sculls« bei der englischen Henley-Regatta waren ihm nicht vergönnt. 1920 ermittelte der Vesper Boat Club in Philadelphia, wo er Mitglied war, gegen ihn wegen eines drei Jahre zurückliegenden Vergehens, bei dem er die Amateurregeln verletzt haben sollte. Kelly mußte sich als Maurer seinen Lebensunterhalt mit eigener Hände Arbeit verdienen, so daß er damit – so die Vorstellung – kein »Amateur« sein konnte.

Umso größer der Triumph bei den Olympischen Spielen, denn Kelly ließ keinen Geringeren als den Henley-Sieger, den Briten Jack Beresford, hinter sich. Beide gaben sich derart aus, daß sie sich danach nicht einmal die Hand zum Glückwunsch reichen konnten.

Bald zählte auch Kelly zur High Society, denn er lebte einen amerikanischen Traum: Aus dem Maurer wurde ein Bauunternehmer mit einem Vermögen von zwanzig Millionen Dollar. Und die »Diamond Sculls« gingen außerdem noch an einen Kelly: 1947 und 1949 siegte John Jr. in Henley, 1956 kam Olympia-Bronze dazu. Glückwünsche erhielt er von seinen Schwestern Grace und Liz. Die Schauspielerin Grace (kleines Foto links) war inzwischen durch ihre Filmrolle in »High Noon«, wofür sie den »Oscar« erhielt, berühmt geworden.

Die olympische Tradition der Kellys setzte sich in der dritten Generation fort. Grace Kelly heiratete 1956 Fürst Rainier III. von Monaco. 1958 kam Prinz Albert zur Welt, der 27 Jahre später das drittjüngste Mitglied wurde, das das IOC je hatte. Von 1988 bis 1994 nahm er als Bobpilot an den Olympischen Winterspielen teil.

29

Der Kampf gegen die Uhr

Der Finne Paavo Nurmi bestritt zwischen dem 8. und 13. Juli 1924 im Stade de Colombes sieben Rennen über etwas mehr als 29 km – drei Vorläufe und vier Finals, die ihm fünf Goldene einbrachten. Den Start über 10 000 m, wo Paavo Nurmi 1920 in Antwerpen Olympiasieger geworden war, untersagte ihm seine Teamleitung.
Es war Donnerstag, der 10. Juli, als der 27jährige aus Turku den unerhörten Einfall realisierte, in einer Stunde über 1500 m und 5000 m zu gewinnen. Drei Wochen vorher machte er in Helsinki die Probe aufs Exempel, wobei Nurmi zweimal Weltrekord lief. Doch kurz vor den Olympischen Spielen stürzte er beim Cross-Training, weshalb er eine Trainingspause von zehn Tagen einlegen mußte; das rettete ihn nach Meinung seines Beraters, Lauri Pihkala, denn diese Verletzung bewahrte ihn vor übersteigertem Ehrgeiz, so daß er in Paris frisch an den Start gehen konnte.

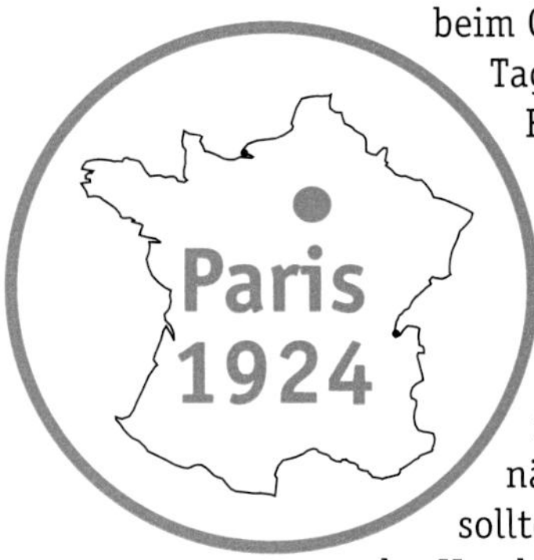

Dennoch hatte er Angst. Die 1500 m gewann Nurmi wie erwartet; und während der drittplazierte Brite Henry Stallard, der sich völlig verausgabt hatte, in eine Ohnmacht gefallen war, bereitete sich der Finne auf seinen nächsten Lauf vor, der 26 Minuten später stattfinden sollte. Nurmi wollte die folgenden 5000 m mit einer Uhr in der Hand bestreiten, um das Tempo besser kontrollieren zu können. Vor dem Endspurt wollte er den Zeitmesser dann wegwerfen.
Auf der Massagebank jammerte Nurmi, denn ihm tat seine goldene Armbanduhr leid, worauf Pihkala sich erweichen ließ und ihm seine Stoppuhr lieh. Nurmi schüttelte den Chronometer einige Minuten hin und her, und nachdem er sich überzeugt hatte, daß der nicht schlappmachen würde, ging er mit ihm an den Start. Wie angekündigt warf er die Uhr in der letzten Runde auf den Rasen, um die Hände im Spurt frei zu haben. Zwei Zehntelsekunden betrug im Ziel der Vorsprung vor seinem Landsmann Ville Ritola.

Der Kampf gegen die Uhr

Paris

Gegenüberliegende Seite: Der als »Sonnenschlacht vom Colombes« berühmt gewordene Geländelauf (Nurmi an 4. Position).

Paavo Nurmi kontrolliert im 5000-m-Lauf die Uhr (oben rechts).
Als er den Chronometer in der Schlußrunde ins Gras warf, ging die Feder kaputt. Nurmi ließ ihn dann aber in der Schweiz reparieren und gab ihn, mit seinem gravierten Autogramm auf der Rückseite, an Lauri Pihkala zurück. Dieser stiftete die Uhr später dem Helsinkier Sportmuseum (oben).
Rechts: Als Nurmi 1973 starb, verbeugte sich Staatspräsident Urho Kekkonen, früher einmal selbst ein hervorragender Leichtathlet, am Sarg.

30 Paris

Menschliche Amphibie

Das erste männliche Sexsymbol war Johnny Weissmuller, die menschliche Amphibie. Er schwamm als erster die 100 m Freistil unter einer Minute, und 1924 in Paris wurde er dreimal Olympiasieger. Das einzige Rennen, das ihn voll forderte: 400 m Freistil, wo der Schwede Arne Borg den Weltrekord hielt und Weissmuller sich zudem des erst 16jährigen Australiers Andrew »Boy« Charlton zu erwehren hatte.

Weissmuller und Borg kraulten Kopf an Kopf, dahinter Charlton. Auf den letzten Metern konnte sich der Amerikaner ein wenig absetzen, und ausgepumpt stellte sich danach das Trio den Fotografen. Was das Bild nur andeutet: Borg (rechts) war so erschöpft, daß ihm übel wurde. Einen Augenblick später lag er auf der Startbrücke.

Für Weissmuller, der 1904 im Banat geboren worden war und der von seinen Eltern den Vornamen Janos erhalten hatte, war das der Beginn einer großen Karriere.

Nach 1928, als er nochmals zweimal Gold holte, hatte eine Unterwäschefirma die Exklusivrechte des ansehnlichen jungen Mannes erworben. Doch Weissmuller wollte mehr: Sieben Tarzan-Filme waren in den USA schon gelaufen, als sich Drehbuchautor Hume entschloß, die Phantasiegeschichte von Edgar Rice Burroughs mit dem Olympioniken zu verfilmen. Im März '32, auf dem Gipfel der Weltwirtschaftskrise, kam »Tarzan, The Ape Man« in die Kinos, und der MGM-Streifen wurde wegen seiner erotischen Szenen zwischen Tarzan und Jane zu einer Sensation. Weil Weissmullers Lendenschurz zudem so knapp geschnitten war, daß man den Bauchnabel sah, wurden solche Ansichten nach dem Protest der Bischöfe für zwei Jahre in den USA verboten.

17 Jahre und in zwölf Filmen schaukelte Johnny an Lianen. Man schätzt, er verdiente etwa zwei Millionen Dollar, die er mit vier Scheidungen und flottem Leben durchbrachte. Die letzte Stelle: offizieller »Händeschüttler« im Caesar's Palace in Las Vegas. 1984 starb er 79jährig in einem bescheidenen Appartment in Acapulco.

31

Paris

Der Trick mit der Festhalte

Der US-Amerikaner Harold Osborn ist der einzige Mann, der in der olympischen Leichtathletik den Zehnkampf und eine Einzeldisziplin gewann: den Hochsprung. In beidem war er zudem als Einziger Weltrekordler. Der Hochsprung-Hit war damals der »western-roll«, eine Roll-Technik, bei der sich der Athlet rückwärts und parallel über die Hochsprunglatte drehte. Um eine bessere Orientierung zu haben, legte man zwei weiße Taschentücher auf die Querstange.

Osborn hatte sich anfangs am Stil seines Landsmanns Edward Beeson ausgerichtet und dann mit einer eigenen Variante 1924 dessen Weltrekord von 2,01 m um zwei Zentimeter verbessert. Die neue Technik löste aber kontroverse Diskussionen aus, vor allem weil der Olympiasieger, der es in Paris bei übersprungenen 1,98 m beließ, seinen linken Arm zur Latte führte. Diese lag auf sieben Zentimeter langen Zapfen, die in Richtung der damals völlig flachen, lediglich mit Sand gefüllten Sprungrube zeigten. Und dabei konnte es passieren, daß Osborn mit der Hand das Holz gegen die Ständer drückte und festklemmte, was ein Herunterfallen erschwerte oder gar unmöglich machte.

Fotos und Filmaufnahmen zeigen, wie der Trick funktionierte; allein Harold Osborn, der später ein bekannter Arzt für Knochenleiden wurde, hat sich zeitlebens gegen den Verdacht gewehrt, sich einen illegalen Vorteil verschafft zu haben. Er meinte, sein Arm hätte lediglich einen Schatten geworfen. Unstrittig hingegen ist, daß seine 2,05 m, die er im Jahr darauf in Austin übersprang, aus eben diesem Grunde nicht als neuer Weltrekord anerkannt wurden.

Wie auch immer: Die Legende wart in die Welt gesetzt, und bald darauf gab es eine Reihe Athleten, die dem Olympiasieger nacheifern wollten und die sich dabei darauf spezialisierten, während der Luftfahrt die Hochsprunglatte festzuhalten. Das wiederum mißfiel dem Internationalen Leichtathletik-Verband, so daß er sich veranlaßt sah, 1926 die Regeln zu verändern. Seitdem liegt die Latte auf Platten völlig frei zwischen den Ständern.

32

Paris

Ältester Olympiasieger

Die olympische Karriere des slowenischen Turners Leon Štukelj begann 1924 mit einem Sieg im Mehrkampf und am Reck. In Paris angekommen, mußte er sich selbst ein Quartier besorgen und aus eigener Tasche, die meistens leer war, beköstigen. 1928 in Amsterdam vergrößert er seine Medaillensammlung mit einmal Gold und zweimal Bronze, und 1936 in Berlin belegte er, inzwischen 37jährig, an den Ringen einen zweiten Rang. Gern wäre er auch nach Los Angeles gereist, doch mitten in der Weltwirtschaftskrise konnte der jugoslawische Verband die Fahrt nicht bezahlen. IOC-Präsident Juan Antonio Samaranch hatte die Idee, Štukelj 1996 nach Atlanta zu schicken; immerhin ist er mit beinahe 98 Jahren der älteste lebende Olympiasieger der Welt. Den Strapazen der Reise dürfte er gewachsen sein, wie der Senior bewies, als er dem Olympischen Museum in Lausanne einen Besuch abstattete. Leon Štukelj lebt in Maribor. Er war Richter und Rechtsanwalt, und er hat in vier Systemen gelebt – und diese überlebt. In den letzten Jahren beschäftigte er sich mit den gesetzlichen Grundlagen der Privatisierung der bisher staatlichen Wirtschaftsunternehmen. Seine olympischen Memoiren, weit über 400 Seiten, liegen schon seit längerem vor.

Eine Erklärung für diese ewige Jugend hat Leon Štukelj nicht. Er vermutet, daß es an den Genen liegt, denn auch seine beiden Schwestern sind schon über neunzig Jahre alt. Er ist klein und lebt bescheiden, so wie das Volk der Slowenen als Ganzes ist. Selbstverständlich ist er Nichtraucher; beim Alkohol beläßt er es bei einem Glas Wein. In seinem Schlafzimmer hängen ein paar Ringe, sein Lieblingsgerät, an dem er regelmäßig

Ältester Olympiasieger

turnt. Zehn Klimmzüge sind kein Problem für ihn; davor die tägliche Gymnastik, danach schnelle Spaziergänge auf einen 300 m hohen Berg. Nicht zu vergessen die 15 Jahre jüngere Ehefrau, die Leon Stukelj jung hält.

Verfolgt man in diesem Alter noch Ziele? Der Olympiasieger hat sie, denn er ist neugierig und möchte wissen, wie das mit der Tragödie auf dem Balkan, die ihn traurig macht, weitergeht. An sein Hundertjähriges mag er noch nicht denken: »Bis dahin kann ja noch so viel passieren …«

33

Sieg für die »blonde He«

Die Deutschen als Kriegsverlierer durften erst 1928 in die Arena zurückkehren – mit Platz zwei hinter den USA sehr eindrucksvoll. Eine der elf Goldmedaillen errang die Fechterin Helene Mayer aus Frankfurt/Main. Von 18 Gefechten verlor sie zwei – im Vorkampf.

Die 17jährige Gymnasiastin war aus der Offenbacher Schule von »Cavaliere« Arturo Gazzera hervorgegangen. 1925 wurde sie als erst 15jährige Schülerin erstmals Deutsche Meisterin. Sechs Jahre – bis 1930 – behielt sie den Titel.

In jenem Jahr ging sie an die Sorbonne in Paris, um ihr Jura-Studium, mit dem sie Diplomatin werden wollte, fortzusetzen. Zwei Jahre später wechselte sie mit einem Stipendium des Deutschen Akademischen Austauschdienstes an das kalifornische Scripps College. Es war ein kurzer Weg zu den Spielen von 1932 in Los Angeles, wo sie – nach wenig Training – nur Fünfte wurde.

Helene Mayer war groß, blond und blauäugig – eine »typische« Deutsche. Daß die »blonde He« einen jüdischen Vater hatte, wußten auch einige. Als 1933 in Deutschland die Nazis an die Macht kamen, wurde ihr das Stipendium aus »rassischen Gründen« entzogen; der Offenbacher Fechtclub, dem sie angehörte, schloß sie aus. Vor den Olympischen Spielen von 1936 kam es mit dem IOC zu einem Tauziehen um die Teilnahme jüdischer Sportler. Ohne es zu wollen, lieferte Helene Mayer den Nazis ein Alibi für Toleranz. Am Ende standen im Damenfechten drei Jüdinnen auf dem Siegerpodest im Berliner Olympiastadion – Helene Mayer als Zweite mit dem Hitler-Gruß.

Als sie 1937 in Paris erste Weltmeisterin wurde, wurde das in ihrer Heimat nur knapp notiert. 1938 kam Helene Mayer noch einmal kurz zu einem Privatbesuch nach Deutschland. Dann lehrte sie in Berkeley, war siebenmal USA-Fechtmeisterin. 1952 kehrte sie zurück, um ein Jahr später in Heidelberg an Krebs zu sterben.

34

Amsterdam

Ritola, der Bohemien

17jährig war Ville Ritola in die USA ausgewandert. Der junge Finne nahm jeden miesen Job an, und er wurde von den Bossen gefeuert, wenn es denen paßte. Er überlebte, als er am Walhalla-Staudamm von frischem Beton verschüttet wurde. Nie arbeitete er weniger als 13, 14 Stunden auf den Baustellen der New Yorker Wolkenkratzer. 24 Jahre kämpfte er, bis er endlich eingebürgert wurde. 1920 bemühten sich die Finnen, ihn für einen Start zu gewinnen, doch Ritola hatte gerade eine gute Arbeitsstelle und verzichtete auf die Reise. Auch 1952, als Paavo Nurmi in Helsinki das olympische Feuer entzündete, was nach seiner Disqualifikation von 1931 wegen Verletzung der Amateurregeln einer Rehabilitierung gleichkam, schlug Ritola die Einladung aus, als Ehrengast zu kommen. Wieder hatte er eine gute Arbeit.
Sein Gegenspieler Nurmi trainierte in Turku gegen Lokomotiven. Ritola rannte durch sonnenüberflutete Häuserschluchten, weshalb ihm der Crosslauf von 1924, der als die »Sonnenschlacht von Colombes« bekannt wurde, auch nicht so schlimm vorkam. In New York hatte er nur Asphalt unter den Füßen, in Paris wenigstens Gras.
Nurmi lief regelmäßig und lebte vernünftig. Auf den USA-Tourneen während der Hallensaison lernte er den Dollar schatzen. Ritola, der Prolet, war ein Boheme-Läufer, ohne Trainer, ohne Geld. Und die schweren Arbeitsschuhe machten ihm die Hüftgelenke kaputt.
Auf seinen einzigen olympischen Sieg über Nurmi mußte Ritola bis 1928, seinen letzten Spielen, warten. Es war das bekannte Bild von Paris, als das Trio Nurmi-Ritola-Wide einsam an der Spitze seine Runden drehte. Nur war diesmal der Einlauf umgekehrt: In der Schlußkurve überraschte Ritola (auf dem Foto vorn) Nurmi mit dem Spurt und gewann seine erste Goldmedaille im direkten Duell. Danach wurde spekuliert, ob Nurmi sich absichtlich schlagen ließ, denn noch nie hatte er eine solche Schwäche gezeigt. Eine abgekartete Sache also? Andere meinten, daß Ritola an diesem Tag einfach besser war. Von Paavo Nurmi, den man den »großen Schweiger« nannte, erfuhr man sowieso nichts. Und er starb auch griesgrämig, ganz anders als der lustige Ritola, der 1972 für immer nach Finnland zurückkehrte. Mit einem Jet namens »Paavo Nurmi«, und außerdem: Sein Konkurrent von damals hatte ihm eine Wohnung gestiftet. Bliebe der Schwede und ewige Dritte Edwin Wide: Er lebt noch in Stockholm. Am 22. Februar 1996 wurde er so alt, wie die Olympischen Spiele sind – 100.

35

Amsterdam

Verbannung für 32 Jahre

Amsterdam '28 war in zweierlei Hinsicht ein Durchbruch: Die lange bekämpften Leichtathletinnen wurden zugelassen, und Lina Radke-Batschauer aus Breslau gewann in dieser Sportart das erste deutsche Olympia-Gold. Für ihren Sieg über 800 m wurde im Olympiastadion über der Anzeigetafel die schwarzrotgoldene Fahne gehißt, dazu das »Deutschlandlied« gespielt. Die Medaille wurde erst zum Abschluß der Spiele durch Hollands Königin Wilhelmina ausgehändigt. Ein dreistufiges Siegerpodest gab es noch nicht.

Das 800-m-Rennen, in dem die 24jährige mit 2:16,8 min einen Weltrekord aufstellte, führte zu einer Kontroverse, die die Verbannung aller Strecken über 200 m bis 1960 zur Folge hatte. Einige Läuferinnen, vor allem die zweitplazierte Japanerin Kinue Hitomi sowie die Nordamerikanerinnen, warfen sich hinterm Zielstrich ins Gras und beanspruchten ärztliche Hilfe. Damit sahen eine Reihe IOC-Mitglieder, die meist ältere Herren waren, ihre Vorurteile gegen den Frauensport bestätigt. Indes aber litten die Damen weniger an Erschöpfung, sondern sie ließen vielmehr ihren enttäuschten Gefühlen, verloren zu haben, freien Lauf.

Wie auch immer: Der neue IOC-Präsident, der belgische Graf de Baillet-Latour, sprach sich dafür aus, alle Frauen-Wettbewerbe zu eliminieren; sein Antrag, die Teilnahme auf Turnen, Schwimmen, Tennis und Eislauf zu beschränken, fand jedoch beim Olympischen Kongreß 1930 in Berlin keine Mehrheit.

Der 800-m-Lauf aber blieb gestrichen, was für Lina Radke-Batschauer das Aus bei Olympischen Spielen bedeutete. Für den Sprint war sie nicht schnell genug. Sie hielt aber dennoch den Mittelstrecken die Treue und lief 1930 über 1000 m, mit 3:06,6 min, nochmals einen Weltrekord.

Ihre Goldene verlor sie 1945 in den letzten Kriegstagen in Breslau, als sie im Luftschutzkeller saß. Elf Jahre später, als sie in Torgau lebte, wurde ihre (gestohlene?) Medaille in einem Nachlaß in Köln gefunden und ihr vom NOK der DDR ein zweites Mal verliehen.

Start zum ersten 800-m-Lauf der Frauen 1928 im Amsterdamer Olympiastadion (unten).
Lina Radke-Batschauer gewann in der Weltrekordzeit von 2:16,8 min als erste Deutsche vor der Japanerin Kinue Hitomi, die schon drei Jahre später starb (rechts).
Links: Die Siegerehrung für Lina Radke-Batschauer, die 1961 nach den Stationen Breslau und Torgau wieder in ihre Heimatstadt Karlsruhe zurückkehrte. Dort lebte sie bis zu ihrem Tode von 1983.

Amsterdam

Verbannung für 32 Jahre

36

Amsterdam

»Fliegender Berber«

Es war der französische Journalist Louis Maertens, der 1928 aus einem Bus stürzte und den Zuschauern im Olympiastadion den ersten Läufer signalisierte. Seine Aufregung war verständlich, denn der kleine schwarzgelockte Athlet trug den gallischen Hahn auf dem Trikot, das Symbol der Franzosen.
Der Olympiasieger im Marathonlauf hieß Boughéra El Quafi, der bei seiner Geburt 1899 Bougherra Louasi genannt wurde, was so viel wie »Fliegender Berber« bedeutet. El Quafi war Algerier, und in den letzten Wochen des 1. Weltkrieges wurde er in die französische Kolonialarmee eingezogen. Danach gehörte er zu den Truppen, die das Rheinland besetzt hielten. El Quafi hatte einen sportbegeisterten Leutnant, der den Aufruf, für die Spiele in Paris Talente zu suchen, ernst nahm. El Quafi wurde nach Paris abkommandiert und nach einem zweiten Platz bei den Meisterschaften von Paris über 30 km dem Verein von Saint-Germain zugeteilt. Die Folge war ein siebenter Platz im Marathon von 1924. Danach zog sich El Quafi, der bei Renault eine Stelle als Hilfsarbeiter – dort fegte er die Hallen – erhalten hatte, vom Sport zurück; umso überraschender nun sein Triumph von Amsterdam. Als er noch auf der Massagebank lag, drängte sich Trainer Alfred Spitzer zu ihm und drückte ihm zehn Gulden in die Hand und befahl: »Hier nimm! Steh auf, geh in die Stadt und amüsier dich!« Bald sollten das jedoch nur noch Trinkgelder sein. Ein Amerikaner engagierte den Olympiasieger für den »Zirkus Pyle«. Der trat im New Yorker Madison Square Garden mit El Quafi als Attraktion auf, und als der Araber nach sechs Monaten nach Frankreich zurückkehrte, hatte er die Taschen voller Geld.
Er erwarb die Teilhaberschaft für ein Café am Pariser Bahnhof Austerlitz, doch wie gewonnen, so zerronnen. Er ließ sich um seinen Anteil betrügen, und bald war er arbeitslos und sank zum Landstreicher hinab. Als Alain Mimoun, der auch ein Algerier war, 1956 wieder Marathon-Gold für Frankreich holte, wurde El Quafi aus dem Erinnerungskästchen geholt. »L'Equipe« rief zu einer Sammlung auf, die 50 000 Francs einbrachte. Am 18. Oktober 1959 wurde El Quafi bei einem Familienstreit im Café seiner Schwester in Saint-Denis erschossen.

Amsterdam

»Fliegender Berber«

Boughéra El Quafi als erster Marathonläufer im Stadion – der französische Journalist Louis Maertens kündigte den strahlenden Sieger an (gegenüberliegende Seite und links).

Unten: der Brite Harry Payne am Verpflegungsstand.

37

Gewinnen oder sterben

In Los Angeles wollte Paavo Nurmi seine Karriere mit dem Marathon-Olympiasieg beenden. Wie vorbereitet er war, bewies er am 26. Juni 1932 in Viipuri. Über 40,2 km, zu kurz für einen ganzen Marathon, erreichte er für damalige Zeiten hervorragende 2:22:03,8 h.
Ob der Finne aber gewonnen hätte, ist fraglich, denn inzwischen gab es ein argentinisches Wunderkind. Der 19jährige Juan Carlos Zabala gab 1931 mit sensationellen 2:33:19 h in Kosiče sein Marathon-Debüt, und fortan war er der olympische Favorit. Um für die kalifornische Hitze gerüstet zu sein, begab er sich zwei Monate vorher nach Los Angeles und lernte die Strecke auswendig.

Am 25. Juni 1932, sechs Wochen vor dem Rennen, nahm er am »The Times Marathon« teil. Nach 31,7 km führte Zabala bereits mit vier Minuten Vorsprung, als ihn sein Trainer Alex Sterling aus dem Rennen nahm. Niemand wußte warum: Die meisten glaubten an einen Kollaps, tatsächlich aber wollte der Coach ihn schonen.
Das war weise, denn am Tage der Entscheidung war Zabala ausgeruht wie kein anderer, und bald konnte ihm weder der Kanadier Clifford Bricker noch ein anderer Läufer folgen. Zwischen der zweiten (15,29 km) und dritten Kontrollmarke (23,33 km) setzte sich der Argentinier ab, und er sah bis ins Ziel nie wieder einen Konkurrenten vor sich.
Er wollte gewinnen oder sterben, so war seine Devise, verriet er im Ziel.
Vier Jahre später in Berlin glaubte Zabala, sich mit dem gleichen Rezept den zweiten Olympiasieg holen zu können. Wieder reiste er Monate vorher an, und unbeirrt lief er sein Rennen von Anfang an von der Spitze weg. Doch nach 28 Kilometern erreichten ihn der für Japan laufende Koreaner Kitei Son (Sohn Kee Chung) und der britische Veteran Ernest Harper. Schlagartig fiel Zabala zurück, und nach weiteren vier Kilometern gab er enttäuscht auf.

Beim Marathonlauf von Los Angeles bestimmte der erst 20jährige Argentinier Juan Carlos Zabala (ganz links mit der weißen Mütze) das Tempo; anfangs konnte ihm noch der Kanadier Clifford Bricker (Startnummer 63) folgen. Oben: Zabala im Ziel des Memorial Colosseums. Die Siegerzeit: 2:31:36 h - Olympischer Rekord.

Los Angeles

Gewinnen oder sterben

38

Los Angeles

Babe gegen Rest der Welt

Mildred Didrikson war am 4. Juli 1932 bei den US-Leichtathletik-Meisterschaften in Evanston, Illinois, die große Sensation: In drei Stunden nahm die 21jährige an acht der zehn Disziplinen teil und gewann sechs. Drei davon waren in L.A. »olympisch«.

Sie begann mit Speerwurf-Gold und ließ einen Sieg über 80 m Hürden folgen. Zum Schluß der Hochsprung, in dem sie den US-Titel mit Jean Shiley hatte teilen müssen. Wieder schafften beide 1,657 m, und sie scheiterten dann an 1,67 m, was einen Stichkampf erforderlich machte. Erneut versuchten sie die letzte Höhe, und es klappte für beide. Doch auf einmal erklärte das Kampfgericht Didriksons Tauchroller für illegal, weshalb sie auf Rang zwei gesetzt wurde; als Weltrekord aber waren die 1,657 m gültig …

Das Jahr war noch nicht zu Ende, als sie den Amateurstatus los war: Sie hatte für ein Auto geworben. Daraufhin wechselte sie als einzige Frau zu einem Baseball-Team, und wegen ihrer weiten Würfe wurde sie von einem Journalisten mit dem legendären Babe Ruth verglichen. Damit war ihr Spitzname in die Welt gesetzt, und als »Babe« Zaharias, wie sie nach ihrer Heirat mit einem Berufsringer hieß, wurde sie ein Golf-Star. In der Saison 1946/47 siegte sie in 14 Turnieren, und sie war die erste Amerikanerin, die die British Amateur Open gewann. 1956 starb sie, 42jährig, an Krebs.

39

Los Angeles

Die Schnellste war ein Hermaphrodit

Stanislawa Walasiewicz wurde 1911 in Rypin geboren, das damals russisch war. Wie viele Polen wanderte sie, erst zweijährig, mit ihren Eltern nach Amerika aus, doch Versuche, US-Bürgerin zu werden, scheiterten. Erst 1930, als sie die 100 Yards als erste Frau unter elf Sekunden lief, wurde man auf sie aufmerksam. Bald darauf, in der Weltwirtschaftskrise, verlor sie ihren Job bei der New Yorker Zentral-Eisenbahn.
Vor Los Angeles 1932 rückte die Walasiewicz, die sich nun Stella Walsh nannte, in den Kreis der Olympia-Favoritinnen. Um die Goldmedaille über 100 m für die USA zu sichern, wurde sie nun gedrängt, sich einbürgern zu lassen. Man bot ihr eine Arbeit im Cleveland Recreation Department an, die sie auch gern angenommen hätte, doch andererseits hätte sie dann nicht teilnehmen können, weil Hauptamtliche im Sport als Profis galten. 24 Stunden vor Beginn der Spiele gab sie die Naturalisierungs-Unterlagen zurück und wurde dafür von Polen mit einer Stelle im New Yorker Konsulat belohnt.
Stanislawa Walasiwiecz gewann wie erwartet das Olympia-Gold, 1936 in Berlin kam Silber dazu, 1938 in Wien über 100 und 200 m Europameisterschaftssiege sowie ein zweiter Platz im Weitsprung. Bei den ersten EM nach dem 2. Weltkrieg, 1946 in Oslo, ging sie noch immer für Polen an den Start, obwohl sie inzwischen fast zwei Dutzend Mal US-Champion geworden war. Erst ein Jahr danach erhielt sie die amerikanische Staatsbürgerschaft. 1951 holte sie im Weitsprung ihren letzten Titel – als 40jährige.
Noch einmal, im Dezember 1980, geriet Stella Walsh-Olson, wie sie nach ihrer Heirat hieß, in die Schlagzeilen. Auf dem Parkplatz eines Kaufhauses in Cleveland, Ohio, wurde sie bei einem Raubüberfall ermordet.
Bei der Obduktion der Leiche wurden geschlechtliche Anomalien festgestellt, die nach den heutigen Regeln die Teilnahme an Frauen-Wettkämpfen nicht erlauben würden. Dennoch war sie kein Mann wie »Dora« Hermann Ratjen aus Bremen, die/der 1936 in Berlin Olympia-Fünfte(r) im Hochsprung wurde. Sie war, damals keineswegs selten im Frauensport, ein Hermaphrodit.

40

Der letzte Fackelläufer

Am 1. August 1936 entzündete Fritz Schilgen in Berlin das olympische Feuer, das erstmals mit einer Stafette aus Olympia geholt wurde. Der Diplom-Ingenieur, der bei Telefunken in Berlin arbeitete, war der letzte von 3075 Läufern.

Auf diese Auswahl legten die Nationalsozialisten, die den Staffellauf zu ihrer Propaganda nutzen wollten, besonderen Wert. Die Kandidaten durften nicht vorbestraft sein, sie mußten sich sportlich hervorgetan haben und sollten Mitglied der NSDAP sein. Drei Auschüsse (darunter einer der Olympia-Filmerin Leni Riefenstahl) wurden zur Beurteilung einberufen, und nachdem die drei Kandidaten im Olympiastadion dreimal die etwa 500 m lange Schlußetappe als Test absolviert hatten, entschieden sich alle für Schilgens Schwebeschritt, obwohl der 29jährige die dritte Forderung nicht erfüllte. Aber seine Konkurrenten, der Zehnkämpfer Hermann Lemperle und der Diskuswerfer Reimann, liefen zu schwer.

Fritz Schilgen war 1927 erstmals Hochschulmeister über 1500 m und hatte bei Deutschen Meisterschaften – 1929, 1931 und 1933 – Platz drei belegt. Er bestritt acht Länderkämpfe, den letzten 1935 in Paris gegen Frankreich. Sein Traum, an Olympischen Spielen teilzunehmen, erfüllte sich nicht: 1928 fiel er für die Meisterschaften aus, die Qualifikation für 1932 verpaßte er, weil er sich bei einem Arbeitgeber vorstellen mußte, und für 1936, als er zur Kernmannschaft über 3000 m Hindernis gehörte, war er schon nicht mehr schnell genug. Doch er hätte schon Großes leisten müssen, um als Aktiver so bekannt zu werden wie als Fackelträger.

Der Fackelhalter aus Krupp-Stahl ging übrigens im Krieg verloren, als Schilgen, dessen Firma nach Schlesien ausgelagert worden war, mit seiner sechsköpfigen Familie flüchtete. In Ulm fand sie eine neue Heimat. Und als Schilgen pensioniert wurde, zog er wieder in das Haus in Kronberg/Taunus, wo er geboren worden war. Zum 25jährigen Geschäftsjubiläum bekam er von seiner Firma eine vom Original nicht zu unterscheidende Kopie des Fackelgriffes geschenkt.

Das olympische Jubiläumsjahr beschert Fritz Schilgen drei »runde« Feiern: Am 21. März die Diamantene Hochzeit, am 1. August den 60. Jahrestag der Entzündung des olympischen Feuers in Berlin, und am 8. September wird er, so jedenfalls wünscht man es ihm, neunzig Jahre alt.

41

Berlin

Das junge Entlein

13 Jahre und 266 Tage war Marjorie Gestring 1936 alt, als sie die Goldmedaille im Kunstspringen gewann – ein junges Entlein also. Damals hätte niemand geglaubt, daß sie fortan jüngste Olympiasiegerin aller Zeiten sein würde. Blutjunge Mädchen waren bei den Spielen keine Seltenheit. In Berlin lag die 12jährige Dänin Inge Sørensen, Dritte im 200-m-Brustschwimmen, noch unter Gestrings Marke. Und die später dreifache Eiskunstlauf-Olympionikin Sonja Henie aus Norwegen war 1924 bei ihrem Debüt elfjährig wie 1932 ihre britischen Kolleginnen Cecilia Colledge und Megan Taylor. Zum italienischen Turn-Team von 1928, das Platz zwei belegte, gehörten drei 12jährige; in der drittplazierten Riege von 1896 turnte der 10jährige Grieche Dimitrios Loundras. Nach dem unbekannten siebenjährigen Franzosen, 1900 Steuermann im holländischen Ruderzweier, ist er der jüngste Medaillengewinner.
Marjorie Gestring wurde in den folgenden vier Jahren in ununterbrochener Reihenfolge USA-Meisterin vom Dreimeterbrett, so daß sie sich bei den Olympischen Spielen 1940 in Helsinki wieder Hoffnungen auf den Sieg hätte machen können, doch der zweite Weltkrieg brachte sie um diese Chance. Nach ihrer Heirat versuchte sie als Mrs. Redlick 1948 noch einmal ein Comeback, bei der US-Olympiaqualifikation belegte die nun 25jährige aber nur Platz vier. Drei konnten in London an den Start gehen, alle drei Medaillen gingen in die USA.
Die Kalifornierin wird wohl auch über die »Jahrhundertspiele« von Atlanta hinaus ihren Titel behalten können, denn um junge Athletinnen vor gesundheitlichen Schäden zu schützen, haben manche internationale Sportverbände in den letzten Jahren eine untere Altersgrenze erlassen. Möglich wäre es allerdings, Marjorie Gestring in ihrer eigenen Sportart zu schlagen, denn dort verlangen die Regeln, daß eine Springerin im Laufe des Jahres noch 14 wird. Und beinahe hätte 1992 in Barcelona die chinesische Olympiasiegerin im Turmspringen Fu Mingxia, die 13 Jahre und 345 Tage alt war, auch den »Rekord« geschafft.

42 Grußloser Hitler

1932 schrieb das Nazi-Blatt »Völkischer Beobachter«: »Neger haben auf der Olympiade nichts zu suchen … Das ist eine Schändung und Entwürdigung ohnegleichen«. So dachte auch Hitler, der Schirmherr der Spiele von 1936 in Berlin. Es war der farbige Amerikaner Jesse Owens, der mit Siegen über 100, 200, 4x100 m und im Weitsprung die angebliche »arische« Überlegenheit ad absurdum führte.

Dabei fing für Hitler alles gut an: Deutscher Doppelsieg im Frauen-Speerwurf, zwei Medaillen durch die Kugelstoßer. Der »Führer« ließ sich mit den Gewinnern in seiner Loge ablichten. Als sich am ersten Tag im Hochsprung aber der Erfolg zweier schwarzer US-Athleten abzuzeichnen begann, verließ er vorzeitig das Stadion.

Zuvor aber war IOC-Präsident Baillet-Latour zu Hitler gegangen, um ihm klarzumachen, daß die Spiele dem IOC gehören und nicht für Selbstdarstellungen gedacht sind. Der nahm das verärgert zur Kennntnis, doch hielt er sich daran und empfing fortan nur noch deutsche Sieger in einem Innenraum des Olympiastadions. Am 3. August gewann Owens über 100 m sein erstes Olympia-Gold.

Da das Spiel hinter den Kulissen unbekannt war, wartete die Presse, was passieren würde. Als die Audienz ausblieb, fragte der AP-Journalist Bob Lochner, ein emigrierter jüdischer Deutscher, den stellvertretenden Pressechef Henning Schlottmann, warum Hitler nicht gratuliert. Dieser rief daraufhin in der Reichskanzlei an, wo man inzwischen festgelegt hatte: »Da der Führer und Reichskanzler nicht regelmäßig den Entscheidungskämpfen beiwohnen und daher nicht sämtliche Sieger der verschiedenen Nationen empfangen konnte, finden – um eine Bevorzugung einzelner Sieger und damit einzelner Nationen zu vermeiden – künftig Empfänge der Sieger nach den einzelnen Entscheidungskämpfen in der Führerloge nicht mehr statt.« Dennoch wurde Bob Lochners Geschichte vom verweigerten Handschlag zu einem Selbstläufer, und auch Jesse Owens glaubte zeitlebens daran. Sie hätte ja durchaus auch wahr sein können.

Der 22jährige Jesse Owens holte vier Goldmedaillen. Im Weitsprung, den er mit 8,06 m gewann, lieferte er sich ein spannendes Duell mit dem Leipziger Luz Long. Sein 1935 aufgestellter Weltrekord von 8,13 m wurde erst 1960 von seinem Landsmann Ralph Boston um acht Zentimeter überboten. Jesse Owens starb 1980.

Berlin

Grußloser Hitler

43

Berlin

Der Traum kullerte über die Bahn

Die deutsche 4x100-m-Frauenstaffel mit Emmy Albus, Käthe Krauß, Marie Dollinger und Ilse Dörffeldt lief im Vorlauf mit 46,4 s Weltrekord – am Tag darauf hofften 100 000 Zuschauer im Berliner Olympiastadion auf die Goldmedaille. Doch alles kam anders: Beim letzten Wechsel, als das Quartett vor den USA schon einen Vorsprung von acht Metern hatte, verlor Ilse Dörffeldt den Stab. Seit sechzig Jahren wird gerätselt, wie es dazu kommen konnte. War es Nervosität, weil die Dörffeldt die unwiderstehliche 100-m-Siegerin Helen Stephens hinter sich wußte? Wären die Deutschen mit einem Sicherheitswechsel nicht besser beraten gewesen? Tatsächlich handelte es sich keineswegs um ein eingewechseltes Team, wie man bei einer Weltrekordstaffel glauben sollte. Bis 1935 waren die vier Damen es wohl gewesen, doch dann hatte sich die jüngste, die 24jährige Ilse Dörffeldt, am Fuß verletzt, so daß sie sich erst in letzter Minute als Vierte qualifizieren konnte.
Verantwortlich war Woldemar Gerschler, der die Olympiadritte über 100 m, die Dresdnerin Käthe Krauß, betreute und der später als Trainer von Weltrekordler Rudolf Harbig bekannt werden sollte. Doch Gerschler war Mittelstrecken-Experte; Wechseltraining war nicht seine Sache. Hinzu kam, daß sich Marie Dollinger und Ilse Dörffeldt eine Zeitlang mit der Idee trugen, auf den effektiven Frankfurter Wechsel umzusteigen. Dann aber blieben sie bei der konventionellen Methode, das Holz rechts zu übernehmen und in die linke Hand zu wechseln. Vielleicht aber war Ilse Dörffeldt auch zu spät weggekommen, denn Marie Dollinger lief deutlich auf, so daß sie die Übergabe nicht sehen und kontrollieren konnte.
Wie auch immer: Der Traum vom Gold kullerte über die Aschenbahn. Hitler hieb sich auf der Führertribüne verärgert aufs Knie, während Göring, der Reichsmarschall, die Staffel-Frauen danach leutselig zum Kaffeetrinken einlud. Mitgefühl allerorten, und ein Privatmann war es schließlich, der ihnen einen achttägigen Aufenthalt an der Ostsee spendierte. Ein Trost blieb: Das Pech machte die Stafette wahrscheinlich bekannter als ein Sieg.

Mit dem verunglückten Wechsel der deutschen Frauenstaffel (oben) machte der Fotograf Heinrich von der Becke das Bild seines Lebens.

Links: Käthe Krauß, die als Zweite lief, wurde von einer Britin getröstet.

Gegenüberliegende Seite: Berliner »Olympia-Stammtisch« 55 Jahre später mit Ilse Dörffeldt (2.v.l.) und Emmy Liersch-Albus sowie dem heutigen DSB-Präsidenten Manfred von Richthofen (rechts).

Berlin

Der Traum kullerte über die Bahn

44

Fliegende Hausfrau

Die Niederländerin Fanny Koen nahm 18jährig an den Spielen von 1936 teil und belegte Platz sechs im Hochsprung. 1938 erreichte sie, über 100 Yards, ihren ersten Weltrekord. Ein Jahr später brach Hitler den 2. Weltkrieg vom Zaun; Holland litt unter deutscher Besetzung. Die Spiele 1940 wurden abgesagt; 1941 brachte Fanny Koen, inzwischen mit dem Dreispringer Jan Blankers verheiratet, einen Sohn zur Welt. Von 1942 bis Kriegsende stellte sie weitere sechs Weltrekorde auf, und ein halbes Jahr vor den Leichtathletik-Europameisterschaften von 1946 in Oslo, bei denen sie die Titel über 80 m Hürden und mit der holländischen Staffel holte, schenkte sie einer Tochter das Leben.

Fanny Blankers-Koen war 30 Jahre alt, als sie 1948 in London an den Start ging, und innerhalb von sechs Tagen – vom 2. bis 7. August – wurde sie als »Flying Huiswife«, als »Fliegende Hausfrau«, weltberühmt. Wie ihr großes Vorbild Jesse Owens, den sie zwölf Jahre vorher in Berlin gesehen hatte, gewann sie als erste Frau vier Goldmedaillen, und sie hätte vielleicht sogar noch weitere Chancen gehabt, wenn sie im Hochsprung und im Weitsprung, wo sie ebenfalls Weltrekorde hielt, angetreten wäre.

Dabei war ihr Ehrgeiz nach dem 100-m-Sieg schon gestillt. Sie war so glücklich, daß sie gar nicht den Wunsch hatte, weiterzulaufen. Doch Jan Blankers, nun ihr Trainer, war unerbittlich. Er redete ihr ein, daß sie es ein Leben lang bereuen würde, wenn sie jetzt ihren Gefühlen nachgibt. Fanny weinte auf der Massagebank, doch sie machte weiter. Sie gewann auch über die Hürden gegen die zehn Jahre jüngere Britin Maureen Gardner, siegte über 200 m so leicht wie im 100-m-Lauf, und sie riß als Schlußläuferin den Triumph einer ansonsten eher durchschnittlichen Staffel aus dem Feuer. Wie eine Königin kehrte sie in einer offenen Kutsche nach Amsterdam zurück.

Viermal Olympia-Gold 1948 in London für Fanny Blankers-Koen. Über 80 m Hürden gewann sie gegen die zehn Jahre jüngere Britin Maureen Gardner (oben rechts) mit Fotofinish.

Links: Rückkehr nach Amsterdam und Wiedersehen mit den Kindern. Vier Jahre später versuchte es die Holländerin noch einmal, doch im Hürdenfinale stolperte sie und schied aus.

45

London

Das Drama von Wembley

1908 verließen den Italiener Dorando Pietri vorm Marathon-Ziel im Londoner White-City-Stadion die Kräfte, 40 Jahre später gab es im Wembley-Stadion die Fortsetzung des Dramas. Der 25jährige belgische Leutnant Étienne Gailly erreichte als Erster die Arena und erlitt einen Kollaps. Mehrfach kam er von der Bahn ab, trottete im Trancezustand Richtung Ziel und wurde auf diesem Weg noch von dem Argentinier Delfo Cabrera und dem Briten Thomas Richards überholt. Anders als Pietri rettete er wenigstens Bronze.

Was passierte an jenem heißen 7. August 1948? Lag es daran, daß die Tore des Stadiontunnels so spät geöffnet wurden, so daß Gailly den Temperaturwechsel im kühlen Tunnel als Schock empfand? Er selbst wußte es zeitlebens nicht zu sagen: Er konnte sich nur noch daran erinnern, auf den letzten Metern des Marathonlaufes außerhalb dieser Welt gewesen zu sein und die Schatten seiner Konkurrenten im Unterbewußtsein wahrgenommen zu haben.

Der Tunnel mag seinen Teil beigetragen haben, vor allem aber war es wohl fehlende Erfahrung, die ihn um den Sieg brachte. 1940, nach Kriegsausbruch, schlug sich der Jura-Student nach England durch, und 1944 ließ er sich mit dem Fallschirm in den Ardennen absetzen, um in der Résistance gegen die Deutschen zu kämpfen. Nach dem Sieg der Allierten blieben somit nur noch drei Jahre, um sich auf die Olympischen Spiele vorzubereiten. Die längste Strecke, die er bis 1948 zurückgelegt hatte, war ein 32-km-Lauf bei den belgischen Meisterschaften. In London gab er also sein Marathon-Debüt. Und er bekam keine zweite olympische Chance. 1952, als er in Helsinki hätte starten können, verstümmelte ihm im Korea-Krieg eine Mine einen Fuß. Er starb im Oktober 1971 in Genval, einem Dorf bei Brüssel, als er von einem Auto erfaßt wurde.

46

London

Milchgesicht als König

Seit Stockholm 1912 und Jim Thorpe wird der Zehnkampf-Sieger »König der Athleten« genannt, und für viele ist diese Medaille die wertvollste. Der erste, der zweimal Gold gewann, war der US-Amerikaner Bob Mathias. Als er nach seinem ersten Sieg 1948 nach den weiteren Plänen befragt wurde, meinte er: »Ich fange an, mich zu rasieren.« Er war erst 17 Jahre alt. Bis heute ist er der jüngste Leichtathletik-Olympionike der Geschichte. Erst kurz vorher, auf der High School von Tulare, hatte ein Trainer dem kalifornischen Teenager geraten, sich dem Zehnkampf zuzuwenden; und Bob Mathias, dessen Vorbild der Olympiasieger von 1936 und damalige Weltrekordler Glenn Morris war, lernte schnell. Am 10./11. Juni 1948 bestritt er seinen ersten Zehnkampf und erreichte 7094 Punkte. Mit dem zweiten (7224 Punkte am 26./27. Juni in Bloomfield) qualifizierte er sich für das US-Team, mit dem dritten, 7139 Punkte am 5./6. August, wurde er in London Olympiasieger. Das unter den widrigsten Umständen: Es regnete, und die Anlagen versanken im Morast. Es war 22.30 Uhr, als Bob Mathias die Ziellinie des 1500-m-Laufes überquerte. Barfuß schleppte er sich zu seinen Eltern, umarmte seine Mutter und sagte: »Nie wieder Zehnkampf! Niemals mußte ich in meinem Leben so hart arbeiten.« Dieses »Nie wieder!« hielt nicht einmal elf Monate. Dem vierten Zehnkampf folgten sechs weitere: Mit Nummer neun wurde er 1952 in Helsinki das zweite Mal Olympiasieger mit dem Weltrekordresultat von 7887 Punkten; 912 vor Milton Campbell – dem größten Vorsprung aller Zeiten. Als »running back« im Stanford Football-Team spielte er im selben Jahr beim Rose Bowl, was ebenfalls einmalig ist.

Die Football-Leidenschaft wurde ihm jedoch bald zum Verhängnis. Er verlor seinen Amateurstatus und wurde Filmschauspieler. In der »Mathias Story« spielte er sein eigenes Leben.

Daß er 1956 noch in der Lage gewesen wäre, vielleicht sogar die dritte Goldmedaille zu erringen, bewies er in seinem zehnten und letzten Zehnkampf bei den Militärmeisterschaften im Juni in Los Angeles, der eigentlich ein Neunkampf war. Mit 7194 Punkten schon Sieger, verzichtete Mathias auf die 1500 m, die er niemals gemocht und nie trainiert hatte.

Als Vertreter des 18. Distrikts von Kalifornien zog Mathias 1966 in den 90. US-Kongreß ein. Dort gehörte der Republikaner den Komitees für Landwirtschaft und Außenpolitik an, er saß als Delegierter in der NATO-Konferenz. Und zweimal wurde der »König« wiedergewählt.

47

London

Corpus delicti – eine Mütze

Schwedens Reiter Gustaf Adolf Boltenstern, Henri Saint Cyr und Gehnäll Persson belegten in London in der Einzelwertung der Dressur die Plätze drei, fünf und sechs, was zur Goldmedaille in der Mannschaft genügte. Auf der 44. IOC-Session im April 1949 in Rom verlangte der Präsident des Internationalen Reiterverbandes (FEI), der belgische Baron Gaston de Trannoy, die Schweden zu disqualifizieren, weil einer nicht startberechtigt gewesen wäre.
Was war geschehen? Nach den Regeln der FEI waren bei Olympischen Spielen nur »Gentlemen« und Offiziere zugelassen, nicht jedoch »normale« Zivilisten, Frauen oder Mannschaftsdienstgrade, und letzteren sollte Persson innehaben. Derjenige, der das Corpus delicti gefunden hatte, war Commandant Georges Hector. Der 79jährige Major, FEI-Generalsekretär seit 1921, der Gründung des Föderation, war einst nicht nur ein Könner im Sattel, er besaß auch exzellente militärhistorische Kenntnisse. Diese besagten, daß ein Fähnrich der schwedischen Kavallerie wohl schlecht mit der Mütze eines Sergeanten ausgestattet sein könnte; und recht hatte der Mann: Der 38jährige Gehnäll Persson aus Umeå, der als Sergeant in London nicht teilnahmeberechtigt gewesen wäre, war extra für die Spiele zum »Fenrik«, zum Unterleutnant, befördert worden, und das wiederum verstieß gegen den Ehrenkodex der FEI.
In der Session kam es daraufhin zu einem Wortgefecht zwischen IOC-Mitglied Bo Ekelund und dem Gespann de Trannoy/Hector, in dessen Verlauf der Schwede die FEI als »veraltet, snobistisch und antidemokratisch« beschimpfte. Doch als es an die Abstimmung ging, wählte die Mehrheit der Herren, durchweg selbst »Gentlemen«, den Antrag des Schweizers Albert Mayer, allein der FEI die Kompetenz der Entscheidung zuzubilligen. So geschah es: Das schwedische Team wurde disqualifiziert, die Nächstfolgenden rückten einen Rang vor. Frankreich wurde so Olympiasieger. Hector war Franzose …
Ganz umsonst war die Diskussion aber nicht. Nachdem die FEI bereits im Herbst 1948 aufgrund der Vorwürfe den Terminus »Gentlemen« aus dem Reglement gestrichen hatte, sah sie sich beim nächstjährigen Kongreß Ende November 1949 in Paris gezwungen, auch den veralteten Offiziersparagraphen auf den Müllhaufen der Geschichte zu werfen. Fortan waren alle, Zivilisten, Frauen und sogar einfache Soldaten, zugelassen, vorausgesetzt, daß sie als Amateur galten. Ob auch willkommen? Das wohl nicht. Indes: Gehnäll Persson bekam seine Genugtuung. 1952 und 1956 wurde er doch noch Mannschafts-Olympiasieger – und Sergeant blieb er bis ans Lebensende.

31

48

Friedensengel von Helsinki

Der Official Report von Helsinki '52 nahm keine Notiz von ihr. Es gab sie nicht. Aber viele sahen, daß da während des Zeremoniells der Eröffnung eine junge Frau im langen weißen Kleid wie ein Gespenst rannte. Man nannte sie danach »Friedensengel«.
An jenem verregneten 19. Juli 1952 lief sie auf einmal über die Aschenbahn, auf der die Pfützen standen. Ungehindert ging sie zum Podium, von dem aus die Eröffnungsreden gehalten werden und von wo der Turner Heikki Savolainen den Olympischen Eid sprechen sollte. Doch ehe sie zu Wort kam, war der Präsident des Organisationskomitees und ehemalige Oberbürgermeister von Helsinki, Erik von Frenckell, bei ihr. Auf Englisch sagte der Baron »Bitte, meine Dame!«, und wie es sich für einen Kavalier gehört, bot er ihr seinen Arm an. In Frack und Zylinder führte er sie – wie eine Braut zum Tanz – hinaus. Zurück blieben 70 000 Zuschauer, die nie erfuhren, was die 23jährige Barbara Rotraut-Pleyer aus Stuttgart wollte. Am nächsten Tag wurde die West-Berliner Studentin in die BRD ausgeflogen. Und erst über vierzig Jahre später hat die Zeitung »Helsingin Sanomat« Barbara Rotraut-Pleyer befragt. Sie war, sie ist eine Pazifistin, und sie wollte jenen Ort, auf den 1952 alle schauten, benutzen, um einen leidenschaftlichen Friedensappell in die Welt zu schicken. Es war die Zeit, als der Korea-Krieg ins dritte Jahr ging, und es wäre eine Rede gegen die Konfrontation der Blöcke, gegen das Wettrüsten und für die Ächtung der Atomwaffen gewesen.

Doch politische Ansprachen sind im olympischen Zeremoniell nicht vorgesehen, und das ist auch gut so. Die Spiele sollen nur sich selbst genügen. Deswegen heißen sie *Spiele*. Dort setzen auch die Kritiker an. Hochfliegende Geister sollen in ihnen dennoch ein Friedenssymbol an sich sehen. Allein die Tatsache, daß junge Menschen gleichberechtigt zusammenkommen, ist bemerkenswert genug.

49

Helsinki

120 Sekunden entschieden

Ein halbes Jahrhundert waren im Reiten nur »Gentlemen« und Offiziere zugelassen, und erst 1949 schaffte die FEI den Paragraphen ab. Für 1952 waren in der Dressur erstmals auch Frauen »erlaubt«; vier waren am Start. Hinter dem Schweden Henri Saint Cyr gewann Lis Hartel Silber, 1956 das gleiche Resultat.
Lis Holst, wie die Dänin einst hieß, erlebte eine schöne Jugend. Schon als Vierjährige bekam sie ein Pony von ihren Eltern. Der Vater war Autoverkäufer bei General Motors in Kopenhagen, und mit 16 Jahren ritt die Tochter ihren ersten Vollblüter, von denen die Familie zwei hatte.
Sie war 21, als sie 1941 Finn Hartel heiratete. Auch ihr Mann, Großkaufmann im Kaffeegeschäft, war ein begeisterter Reiter. Im Jahr darauf wurde ihre Tochter Pernille geboren. 1943 und 1944 wurde Lis Hartel mit »Gigolo« dänischer Dressurmeister.
Ende 1944 litt Lis Hartel zunehmend an Kopfschmerzen. Der Nacken wurde steif, Lähmungen traten auf, und bei Kriegsende gab es kaum noch Medikamente. Der Arzt stellte Kinderlähmung fest. Das Schlimmste: Sie war schwanger, doch zwei Monate später, am 3. März 1945, wurde Ann, ihre zweite Tochter, gesund geboren.
Zweieinhalb Jahre brachte Lis Hartel im Krankenhaus zu, dann konnte ihr Mann sie nach Hause holen. Am Anfang war sie an den Rollstuhl gefesselt. Dann konnte sie auf ein Gefährt umsteigen, das er konstruiert hatte: Es waren zwei Fahrräder, die mit Stangen verbunden waren. Das eine Rad trat er, im Sattel des anderen saß seine Frau. So stand sie unter dem Zwang, die Beine bewegen zu müssen. Der Anfang geschah unter Tränen.
Es war am 11. August 1947 in einer Reitschule, als Lis Hartel von ihrem Mann verlangte, sie auf ein Pferd zu setzen. Unter Protest leistete er Folge. 120 Sekunden hielt sie es aus, und diese zwei Minuten entschieden. Sie begann, zum Reitsport zurückzukehren. Bald darauf, bei den skandinavischen Meisterschaften in Oslo, belegte sie einen zweiten Platz.
Lis Hartel wird 1996 75 Jahre alt. Sie wohnt mir ihrer Familie auf einer Farm in Fredensborg, nur fünf Kilometer vom Sommersitz der dänischen Königin Margrethe II. entfernt. Pferde hat sie noch immer.

50

Helsinki

Am selben Tag Olympiasieger

Ins 5000-m-Finale vom 24. Juli 1952 ging Emil Zátopek als schon zweifacher Olympionike: In Helsinki hatte er den 10 000-m-Erfolg von London wiederholt. Doch anders als vier Tage zuvor waren nun in der letzten Runde noch vier Läufer zusammen: er, der clevere Alain Mimoun aus Frankreich, der Solinger Herbert Schade, dazu der Brite Chris Chataway. Ständig wechselte die Führung, dann ein Aufschrei der Massen: Zátopek fiel zurück, Chataway stürmte an die Spitze. Doch in der letzten Kurve flog der Hexenmeister heran und gewann. Mimoun überspurtete noch Schade, während für Chataway die Innenkante Schicksal spielte: Er trat darauf und stürzte (Foto oben links unten).

Während des Dramas saß die Speerwerferin Dana Zátopková in der Kabine, und als sie mit den Konkurrentinnen hinausgeführt wurde, blieb gerade so viel Zeit, um mit ihrem glücksstrahlenden Mann ein Küßchen zu tauschen. Eine halbe Stunde später bohrte sich ihr Speer im ersten Versuch bei 50,47 m in den Rasen, und vergeblich machte die vielseitige Russin Alexandra Tschudina Jagd auf diese Marke. Als der letzte Wurf absolviert war, schlug die Tochter eines Obersten, die 1948 als Fräulein Ingrová Siebente geworden war und die am 24. Oktober ihren Emil geheiratet hatte, vor Übermut ein Rad. Zurück vom Wettkampf, staunte ihr Mann, der in der Kabine mit sich selbst beschäftigt war: »Was, du auch …?«

Beide gewannen am selben Tag und wurden am selben Tag, am 19. September 1922, geboren: Emil kurz nach Mitternacht im nordmährischen Kopřivnice, Dana sieben Uhr in Tryskat. Obwohl Olympiasieger wie er, konnte sie nie aus seinem Schatten heraustreten. Dennoch war sie in dieser Ehe, die kinderlos blieb, immer die Generalin. Das war so, als er nach dem Ende des »Prager Frühlings« in Ungnade fiel, weil er das »Manifest der 2000 Worte« unterschrieben hatte. Nach 24 Jahren Dienstzeit wurde er als Major in die Reserve versetzt. Was folgte, waren schwere Jahre, von denen Emil Zátopek fünf als Geologe in einem Bohrtrupp zubrachte. Dennoch war diese Zeit eine seiner schönsten. Dana war es, die ihn abhielt, zu Kreuze zu kriechen. Die Geschichte gab dem Paar recht.

Am selben Tag Olympiasieger

Emil Zátopek war der erste, der bei den selben Spielen über 5000 m und 10 000 m sowie im Marathonlauf gewinnen konnte. Die 42,195 km von Helsinki (links) waren für ihn eine Premiere.

Oben: die radschlagende Dana Zátopková, die 1960 in Rom im Speerwerfen eine nicht weniger überraschende Silbermedaille errang.

51

Helsinki

Luxemburger gewann Gold

Luxemburg hatte 1952 rund 350 000 Einwohner, einer war Olympiasieger: Joseph Barthel, genannt Josy. Schon als Junge, bevor er zur deutschen Flak eingezogen wurde, glaubte er fest daran, daß er bei Olympischen Spielen laufen würde. 1947, als er in Strasbourg sein Studium aufnahm, hörte er viel von Emil Zátopek, und er begann, ähnlich wie der Tscheche zu trainieren. »Eines Tages«, so sagte er sich, »werde ich als Sportler die Decke durchstoßen. Als Chemiker habe ich das ganze Leben noch vor mir.«
Den ersten Schritt machte Barthel 1948 in London als Neunter über 1500 m. Doch niemals wollte er sich begnügen, nur Erster in Luxemburg zu sein. Indes meinten seine französischen Trainer, er sei zwar sehr willensstark, leider fehle es aber an Talent. In der Tat: Er war eher klein und dick. Doch was von Natur fehlte, machte er mit Fleiß und Akribie wett. Er kontrollierte den Biorhythmus, täglich gab er sich zwei Noten, eine subjektive und eine objektive.
1951 bei den Studentenspielen in Luxemburg lernte Josy Barthel Woldemar Gerschler kennen, der einst aus dem im Krieg gefallenen Rudolf Harbig einen Weltrekordläufer gemacht hatte. Es begann mit Briefen, dann akzeptierte der eigenwillige Athlet den Deutschen als seinen Trainer; regelmäßig kam dieser nun nach Luxemburg.
Josy Barthel hatte man bei den Olympischen Spielen 1952 in Helsinki über 1500 m einen guten Platz zugetraut, doch als Favorit galt der Gevelsberger Werner Lueg, der kurz vorher mit 3:43,0 min den Weltrekord eingestellt hatte. In der letzten Kurve lag Lueg fünf, sechs Meter vor Barthel, als dieser zu seinem Finish antrat. Vielleicht 3000mal hatte er zu Hause in Marmoch diesen Spurt trainiert, und die heimischen Wälder vor Augen flog Barthel vorbei und gewann die Goldmedaille. Im Ziel und auf dem Siegerpodest weinte er wie ein Kind. Später erzählte er, er hätte alles im voraus geträumt, doch mit einem Schreck sei er aufgewacht: Die Kapelle konnte nicht die luxemburgische Nationalhymne ... Als es darauf ankam, konnte sie doch. 1977 wurde Barthel Umweltminister.

1952 nahm erstmals die UdSSR teil. Eine ihrer 22 Goldmedaillen errang sensationell der Schütze Anatoli Bogdanow. Erst 20jährig, gewann er die sechsstündige Konkurrenz mit dem Armeegewehr.
Indes: Bis heute ist ungeklärt, ob mit dem Olympiasieger alles seine Richtigkeit hatte. Als Geburtsdatum gilt der 1. Januar 1932, was ebenso unklar ist wie Vor- und Vatersname. Die Angaben standen auf einem Zettel, der neben einem kleinen Jungen lag, den alte Frauen 1935 in einem Eisenbahnwaggon auf der Strecke Gatschina-Leningrad fanden. Da zu lesen war, man solle sich des etwa Dreijährigen annehmen, lieferten sie das »Bündel« in der Sammelstelle für Waisenkinder auf dem Kirow-Prospekt in Leningrad ab, das heute wieder St. Petersburg heißt. Nach alter Sitte bekam der Knabe den Namen »Bogdanow«, was »von Gott gegeben« bedeutet.
Dabei blieb es: Er wuchs in einem Heim auf, und als Halbwüchsiger nahm er am Krieg teil. Und einem Überirdischen mußte er sein Talent im Schießen zu verdanken haben. 1956 wurde er das zweite Mal Olympiasieger. 1959 jedoch trat er zurück, um Philosophie zu studieren – und um ein Meister im Bogenschießen zu werden. Abrüstung nach Bogdanows Art.

52

Helsinki

Sieger »von Gott gegeben«

53 Helsinki

Das exklusive Komplott

Was wie spontane Freude aussah, entpuppte sich als Komplott. Vor dem Finale im 400-m-Freistilschwimmen von Helsinki versprach Gaston Boiteux einem Fotografen: »Wenn mein Sohn gewinnt, werde ich in voller Montur ins Wasser springen, und du wirst der erste sein, der davon ein Foto bekommt, weil du es schon vorher gewußt hast.« Gesagt, getan. Nach 4:30,7 min schlug Jean Boiteux, ein 19jähriger Franzose, als erster an, und im gleichen Moment löste sich ein kräftiger Mann aus den bis ans Becken sitzenden Zuschauern und stürzte sich in die Fluten, wo er seinen Sohn umarmte. Monsieur Boiteux, und nicht einmal die Baskenmütze abgenommen!

Dennoch: Die Euphorie war verständlich. Gaston Boiteux, ein Bauer aus der Nähe von Marseille, war selbst Schwimmer gewesen, wenn auch nur von regionaler Bedeutung. Anders aber Jeans Mutter: Unter ihrem Mädchennamen Bibienna Pelegry hatte sie zweimal in der Schwimmstaffel an Olympischen Spielen teilgenommen: 1924 in Paris und 1928 in Amsterdam. 1924 auch ihr Bruder.

Der Schwimmsport spielte bei den Boiteux' immer eine große Rolle. Zu ihrer Wirtschaft in La Ciotat gehörte auch ein Wasserreservoir, das dazu diente, im Sommer die Felder zu bewässern. Es war aber auch zum Schwimmen zu gebrauchen, und hier machte der kleine Jean ebenso die ersten Züge wie seine Geschwister. Das Schicksal entschied sich in Marseille, als Jean 13 Jahre alt war. Er wurde Trainer Alban Minville vorgestellt. Dem gefiel der Junge, und er nahm ihn mit nach Toulouse, wo auch der Vater geschwommen war.

Der Fotograf hatte das exklusive Bild, aber die Idee erwies sich aus sportlicher Sicht im nachhinein nicht gerade als glänzend. Die Jury hatte nämlich Proteste anderer Mannschaften zu beraten, die ihre noch im Rennen befindlichen Schwimmer durch die Wellen, die Gaston Boiteux erzeugt hatte, behindert sahen. Am Ende aber bewiesen die Juroren Herz und Verständnis für einen pädagogisch nicht ganz einwandfreien, aber originellen Einfall eines Vaters.

Das exklusive Komplott

Ein verrückter Einfall: Gaston Boiteux schrieb 1952 in Helsinki olympische Geschichte, als er im 400-m-Freistil-Finale zu seinem siegreichen Sohn Jean ins Schwimmbecken sprang, womit er sein Versprechen wahrmachte, einem bekannten Fotografen ein exklusives Bild zu liefern.

Oben: Jean Boiteux mit den stolzen Eltern. Der Olympiasieger ist dem Schwimmsport treu geblieben. Heute arbeitet er als Regionaler Technischer Berater (CTR) in Aquitaine.

54

Die Bronzene blieb die einzige

Als am 22. November 1956 die Spiele von Melbourne eröffnet wurden, war der 19jährige Ronald Clarke der weltschnellste jugendliche Meilenläufer. Als viertbester Australier über 1500 m schaffte er es zu seiner Enttäuschung aber nicht, sich für sein Team zu qualifizieren. Als Ansporn wurde er damit beauftragt, als letzter Stafettenläufer das olympische Feuer zu entzünden. Lange noch sollte er sich daran erinnern: Als er die Fackel in die Schale tauchte, schlug die Flamme zurück und verbrannte ihm das Gesicht.
Obwohl Clarke zwischen 1963 und 1968 17 Langstrecken-Weltrekorde aufstellte, ist er seinen Landsleuten als Fackelläufer in Erinnerung geblieben.

Das mag vor allem daran liegen, daß er bei zwei Olympischen Spielen glücklos lief. Das begann schon 1964 in Tokio im ersten Rennen, dem 10 000-m-Lauf, in das er als Weltrekordler ging. Afrikas Läufer waren inzwischen erstarkt, und sie klebten wie Kletten an Ron Clarke, obwohl er das Tempo verschärfte. Während man noch rätselte, ob er oder einer der Afrikaner gewinnen würde, setzte der US-Amerikaner Bill Mills, in dessen Adern das Blut der Sioux-Indianer fließt, zu einem unwiderstehlichen Endspurt an. Clarke landete auf Rang drei.
Diese bronzene sollte seine einzige Olympiamedaille bleiben. Im folgenden 5000-m-Rennen wollte er es besser machen, er wurde aber letztlich nur Neunter. Auf den gleichen Platz kam er im Marathonlauf, nachdem er lange Zeit an der Spitze gelegen hatte. Und als vier Jahre später die Olympischen Spiele im 2248 m hohen Mexiko-Stadt ausgetragen wurden, hatte er sich gegen die Afrikaner, die gewohnt sind, in dieser Höhe zu leben, von vornherein aufgegeben. Er wurde Fünfter und Sechster über 5000 bzw. 10 000 m. Die Enttäuschung indes hatte er schon zwei Jahre vorher bei den vorolympischen Wettkämpfen hintersichgebracht.

55

Melbourne

Langes Warten auf Olympia

Als 1939 der 2. Weltkrieg ausbrach, war Ágnes Keleti 19jährig. Ein Jahr später schlossen die ungarischen Sportvereine »Nichtarier« aus, und Ágnes Keleti ist Jüdin.
1944 besetzten die Deutschen Ungarn, das »judenrein« werden sollte. Ágnes Keleti kaufte sich von einer Bekannten Papiere, die sie zur »Christin« machten. Unentdeckt kam sie damit auf einem Dorf bei einem Kürschner unter. Als die Rote Armee näherrückte, ging sie nach Budapest und arbeitete in einer Munitionsfabrik. Dann wurde sie Dienstmädchen beim Stadtkommandanten von Budapest, einem hohen ungarischen »Pfeilkreuzler«. Mutter und Schwester gelang es, sich durch Raoul Wallenberg, den 2. Sekretär der schwedischen Botschaft in Budapest, »Schutzbriefe« ausstellen zu lassen. Damit retteten sie sich in »schwedische« Häuser und überlebten. Verschollen blieb der Vater. Nach dem Krieg erfuhren sie, daß er 1944 in Auschwitz im Gas umgekommen war. 1945 nahm Ágnes Keleti das Training wieder auf. Ihr erster Erfolg stellte sich 1947 bei den Balkanspielen ein. Sie war 27 Jahre alt, als sie sich für London '48 qualifizierte. Doch drei Tage vor dem Wettkampf, beim Abschlußtraining, zog sie sich einen Sehnenriß am Fuß zu. Auf Krücken laufend, konnte sie nur noch zusehen, wie ihr Team ohne sie eine olympische Silbermedaille erkämpfte. 31jährig turnte sie dann tatsächlich bei den Spielen. In Helsinki gewann sie am Boden und holte einmal Silber, zweimal Bronze. Und sie war 35, als sie 1956 nach Melbourne fuhr, während in Budapest sowjetische Panzer aufrollten und den ungarischen Aufstand niederwälzten. Mit dem Druck über das ungewisse Schicksal der Familie im Kopf ging sie an die Geräte und holte vier erste und zwei zweite Ränge, womit sie erfolgreichste Teilnehmerin wurde. Ágnes Keleti entschloß sich, in Australien zu bleiben. Sie bekam eine Stelle als Dozentin an der Ungarischen Universität, dennoch fiel ihr das Leben weit weg von Europa schwer, und nach acht Monaten wechselte sie nach München.
Im Juni 1957 erhielt sie eine Einladung, an der Maccabiade in Tel Aviv teilzunehmen. Sie reiste nach Israel; es gefiel ihr so gut, daß sie sich zum Bleiben entschloß. Am Wingate-Institut bekam sie eine Stelle. Dort lehrte sie dann 29 Jahre. Sie heiratete Robert Biro, einen Journalisten aus Ungarn, und bald kam Daniel zur Welt. Sie war 44jährig, als Rafael geboren wurde. Anfang 1996 wurde sie 75.

56

Melbourne

Die Tochter hieß Olympia

Am 1. Dezember 1956, bei dreißig Grad, trat Alain O'Kacha Mimoun aus dem Schatten von Emil Zátopek, in dem er bei zwei Olympischen Spielen gelaufen war. Dreimal – 1948 über 10 000 m und 1952 über 5000 und 10 000 m – gewann der für Frankreich startende Algerier hinter ihm Silbermedaillen. Allein das verdient eine Laudatio.

Wer glaubte, Mimoun sei nicht zum Siegen geboren, sah sich in Melbourne getäuscht. Im 10 000-m-Lauf spielte er keine Rolle, acht Tage später aber stand der Marathonlauf vom Start an unter seinem Regiment. Nach dem 25. Kilometer erzwang er die Entscheidung, und mit einem Vorsprung von viereinhalb Minuten vor dem 34jährigen Emil Zátopek erreichte Mimoun das Ziel. Dem Tschechen blieb bei seinem zweiten Marathon-Versuch nur ein sechster Platz. Enttäuscht verließ er die Arena.

Der ein Jahr ältere Mimoun aber schien in einen Jüngling verwandelt zu sein. Er hüpfte und sprang vor Übermut, und als der Jugoslawe Franjo Mihalić als Zweiter eintraf, applaudierte er ihm leidenschaftlich.

Mimoun war sich seines Sieges sicher gewesen, und das aus zwei Gründen: Erstens trug er die Startnummer 13, und zweitens ist – so seine Meinung – alle 28 Jahre ein Franzose dran.

Recht hatte er: 1900 siegte Théato, 1928 El Quafi, 1956 Mimoun.

Lange allerdings mußte der 31fache französische Meister warten. Bei Ausbruch des 2. Weltkrieges hatte er sich, gerade 18jährig, freiwillig zur Armee gemeldet. In fast sechs Jahren Krieg kämpfte er beinahe an allen Fronten. Mehrfach wurde er verwundet, und vor Monte Cassino sollte ihm sogar das Bein amputiert werden. Glücklicherweise konnte es gerettet werden. Er erhielt den Titel »Offizier der Ehrenlegion« und wurde als Offizier des »Ordre National du Mérite« ausgezeichnet. »Wenn du je aus diesem Dreck lebend herauskommst, wirst du ein Läufer…« hatte er sich geschworen. Er wurde es.

Der leichtfüßige Lauf von Melbourne war Krönung seiner Karriere, und er hatte auch einen besonderen Grund: Stunden vor dem Start erhielt Alain Mimoun ein Telegramm, daß er Vater geworden sei. Im Ziel erklärte er, er wollte auch deshalb siegen, damit sein Sohn stolz auf ihn sein kann.

Alle Journalisten schrieben das.

Indes: Als Mimoun nach Frankreich zurückgekehrt war, konnte er zwar keinen Sohn, dafür aber eine süße Tochter in die Arme nehmen. Sie trug – hätte es einen besseren gegeben? – den Namen »Olympia«.

57

Melbourne

Läufer mit Herzschwäche

1954 in Bern war der Ukrainer Wladimir Kuz ein Spielverderber. Das große Duell über 5000 m sollte zwischen Emil Zátopek und dem Briten Chris Chataway stattfinden, der im olympischen Finale von Helsinki durch einen Sturz seine Chancen eingebüßt hatte. Kuz aber zermürbte alle mit Tempowechseln und gewann in Weltrekordzeit.
Seine Neider nannten ihn »Roboter«, zu Unrecht, wie Melbourne zeigte. Kuz beherrschte die Taktik, machte Tempo, besaß Ausdauer und ein gutes Finish – Fähigkeiten, an denen über 10 000 m Gordon Pirie (oben links), der ihm im Sommer im direkten Vergleich in Bergen den 5000-m-Weltrekord abgenommen hatte, zerbrach. Im Ziel bekannte der Brite: »Ich hätte bescheidener sein sollen…«
Wenn es nicht allein gelingt, dann vielleicht zu dritt. Im 5000-m-Finale sah sich Wladimir Kuz dem britischen Dreigestirn Pirie-Ibbotson-Chataway gegenüber, und man erinnerte sich an Berlin 1936, als die Finnen mit dem tapferen Japaner Kohei Murakoso Katz und Maus spielten. Doch diesmal ging die Sache umgekehrt aus. Kuz legte einen Zwischenspurt ein, worauf zuerst Chataway die Zeche zahlte. Er fiel zurück und belegte nur Platz elf. Pirie beherzigte seinen Vorsatz und gab sich mit der Silbermedaille zufrieden.
Kuz verabschiedete sich 1957 mit einem 5000-m-Weltrekord (13:35,0), den erst Ron Clarke 1965 brach – eine Magenkrankheit zwang dazu, vorzeitig aufzuhören. Er gehörte einer Generation an, die Krieg und Nachkriegsjahre zu erleiden hatten. Als deutsche Truppen 1941 die Ukraine überrannten, hatte Kuz sich zu den Partisanen durchgeschlagen und dann, 14jährig, an die Front gemeldet. Wegen seines Alters wurde er aber 1944 nach Hause geschickt, um zu lernen, vier Jahre später, nun aber regulär, zur Baltikflotte eingezogen. Erst dort begann er, erstmals zu laufen. Wladimir Kuz starb am 16. August 1975 in Moskau an Herzschwäche.

58

Genie und irre Ziege

Es war keine Liebe auf den ersten Blick, doch am 13. Juli 1950 funkte es. Hans Günter Winkler traf auf »Halla«, eine Stute, die als »turnieruntauglich« galt. Winkler machte aus ihr eines der weltbesten Turnierpferde. Beide zusammen wurden zur Legende.

Winkler ist keiner, der einen Vierbeiner gleich abküßt, doch er hat Achtung vor der Kreatur. Ein Pferd ist für ihn ein Partner, und »Halla« nannte er respektlos eine »Mischung aus Genie und irrer Ziege«. Mutter »Hélène«, eine Französin, war im Krieg als Beutegut nach Deutschland gekommen. Der Vater hieß »Oberst« und hielt in Darmstadt hof. Ende Mai '45 wurde »Halla« geboren.

Die Sternstunde von HGW, wie sein Erfolgskürzel hieß, und »Halla« kam am 17. Juni 1956 im Stockholmer Olympiastadion, wohin - wegen der strengen australischen Quarantänebestimmungen - das Reiten verlegt worden war. Im ersten Umlauf des Springreitens schaffte niemand den Parcours fehlerlos. »Halla« riß das letzte Hindernis, doch mit vier Fehlern lagen Roß und Reiter auf Gold-Kurs.

Winkler hatte sich dabei aber auch einen Muskelriß in der Leiste zugezogen; und vorm zweiten Umlauf ließ er sich zwei Spritzen geben, weil er sonst die höllischen Schmerzen nicht ausgehalten hätte. Im Sattel, wo er nicht saß, sondern hing, wurde er festgebunden. Der Schweiß stand ihm auf der Stirn. Doch als ob »Halla« gefühlt hätte, wie es um ihn stand: Sie suchte sich allein ihren Weg über die 17 Hindernisse, in der richtigen Reihenfolge, im Rhythmus und mit gut kalkulierten Zwischenräumen. Ein fehlerloser Ritt, der Olympiasieg im Einzel und in der Mannschaft bedeutete. 1960 kam mit dem Team noch eine Goldene hinzu. Dann fohlte »Halla«, nun 16jährig, das erste Mal; noch fünf Fohlen folgten. Winkler indessen ritt mit anderen Pferden bei vier weiteren Spielen. Nach rund 1000 Siegen trat er erst 1986 zurück.

Genie und irre Ziege

Auf »Halla« siegte Hans Günter Winkler 1956 in Stockholm im Springreiten. Zusammen mit Fritz Thiedemann (linkes Foto links) und Alfons Lütke-Westhues gewann er auch den Großen Preis der Nationen. 1992 in Barcelona war Winkler Team-Chef der deutschen Springreiter.

59

Die Zweifel sind geblieben

Siegerehrungen sind selten lustig, die Medaillengewinner im 100-m-Freistil-Schwimmen von Rom aber machen einen besonders traurigen Eindruck. Der Australier John Devitt stiert verbissen nach oben, das Gesicht des Brasilianers Manuel Dos Santos ist unbewegt, der US-Amerikaner Lance Larson schaut betreten nach unten.

Was war geschehen? Das Finale fand an einem Freitagabend, 21.10 Uhr, statt. Die FINA, der Internationale Schwimmverband, hatte entschieden, neben der automatischen Startpistole erstmals die elektrische Zeitmessung anzuwenden, bei der die Uhr angehalten wurde, wenn der Schwimmer mit der Hand eine ins Wasser gehangene Kontaktplatte berührte. Dazu gab es pro Bahn drei offizielle Zeitnehmer sowie die Zielrichter, die über den Einlauf wachten.

Die Nacht war über der Stadt am Tiber hereingebrochen, und das Schwimmbecken im Stadio del Nuoto wurde mit Scheinwerfern erhellt. Dos Santos startete schnell und führte an der Wende. Nach achtzig Metern schoben sich Devitt und Larson nach vorn, und gleichzeitig schlugen beide an. Dann trat eine lange Pause ein.

Die Sache war kompliziert. Mit 2:1-Stimmen nominierten die Zielrichter Devitt für Platz eins, aber auch mit 2:1 für Rang zwei. Damit stand das Duell 3:3. Anders aber die Zeitnehmer: Alle drei für Bahn drei, wo Devitt schwamm, hatten 55,2 s gestoppt, aber die Uhren für Bahn vier, Larsons Bahn, zeigten 55,0, 55,1 und 55,1 s. Auch der elektrische Chronometer sah den US-Athleten vorn: 55,10 s für Larson, 55,16 s für Devitt. Die Entscheidung fällte der schwedische Oberkampfrichter Hans Runströmer. Er legte fest: 1. Devitt 55,2 s, 2. Larson 55,2 s. Max Ritter, Schatzmeister des USOC, des amerikanischen NOK, und Mitglied des Exekutivkomitees der FINA, protestierte, dann versuchte er, Larson wenigstens ebenfalls zur Goldmedaille zu verhelfen. Vergeblich. Das Resultat stand.

60

Rom

Am Boden hing Larissa ihrem Traum nach

Der Vater blieb im Krieg, die Mutter war Putzfrau, dennoch träumte die kleine Larissa Dirij davon, Tänzerin zu werden. 10jährig wurde sie im ukrainischen Cherson in einen Zirkel aufgenommen. Zwei Jahre später verließ der Choreograph die Stadt, womit alles zusammenbrach. Stundenlang schaute sie nun durch das Fenster der Turnhalle, bis sie von Trainer Michail Sotnitschenko aufgefordert wurde hereinzukommen. Er machte die größte Turnerin aus ihr.
Sie war 19 Jahre alt, als sie bei den Weltmeisterschaften 1954 in Rom ihren ersten großen Auftritt erlebte – und viel Lehrgeld zahlte. Zwei Jahre später, nun als Larissa Latynina, wurde sie wie Ágnes Keleti vierfache Olympiasiegerin, aber sie bezwang die Ungarin im Mehrkampf – erst Vera Čáslavská konnte ihr 1964 den Titel nehmen.
Einen Thron räumte die Latynina nie: im Bodenturnen, das ihren Empfindungen und dem Begriff vom *Kunst*turnen am nächsten kommt. Hier hing sie ihrem Traum von einst nach; nie war er ganz ausgestanden. Dennoch war Turnen zu keiner Stunde ein ungeliebter Ersatz für eine verhinderte Tänzerin. Sechsmal errang sie Gold auf der Bodenmatte, davon dreimal olympisches. Erst 1966, bei den Weltmeisterschaften in Dortmund, trat Larissa Latynina mit Mannschafts-Silber zurück.
Mit 18 Medaillen ist sie die erfolgreichste Olympiateilnehmerin aller Zeiten, mit neunmal Gold bei beiden Geschlechtern auch von der Zahl der Siege her, jedoch in Abhängigkeit, ob man die zwei ersten Plätze des US-Athleten Ray Ewry von 1906 mitrechnet. Das IOC tut es nicht. Eine Goldene schenkte sie übrigens Michail Sotnitschenko, ihrem Entdecker.
Nach dem Zerfall der UdSSR ging Larissa Latynina als Trainerin nach Japan, privat hatte sie weniger Glück: Drei Ehen gingen in die Brüche. Die größte Freude aber machte ihr Tochter Tatjana. Sie wurde das, was die Mutter immer werden wollte: Balletttänzerin.

61

Rom

Phantom des Diskusringes

Der Mann war ein Phantom: Wenn Olympia nahte, kam der Diskuswerfer Al Oerter. 1956, als der 20jährige in Kansas mit dem Studium begonnen hatte, war Fortune Gordien mit 59,28 m Weltrekordler und Olympia-Favorit, und bei den US Trials warf Oerter als Zweiter beinahe drei Meter weniger. In Melbourne aber war die Reihenfolge umgekehrt: Oerters 56,36 m im ersten Versuch waren der Sieg.

Vier Jahre später hielten der Pole Edmund Piatkowski und Rink Babka (USA) mit 59,91 m den Rekord. Als Zweiter der US-Qualifikation fuhr Oerter nach Rom; und nachdem Babka im ersten Durchgang sein Pulver verschossen hatte, steigerte er sich im entscheidenden Moment auf 59,18 m – Bestleistung und Gold Nr. 2.

Zwischen Rom und Tokio entpuppte sich Oerter als Rekordwerfer.: Viermal schleuderte er die Scheibe auf Weltrekordweiten, dennoch rechnete 1964 beinahe jeder mit dem Tschechen Ludvik Daněk, der ihn im August mit 64,55 m entthront hatte. Dazu kam, daß sich Oerter in Tokio im Training einen Knorpelriß in der Rippengegend zugezogen hatte und lange nicht feststand, ob er überhaupt an den Start gehen könnte. Im vierten Durchgang warf sich Daněk wie erwartet mit 60,52 m an die Spitze, Oerters Antwort im fünften Wurf war 48 Zentimeter weiter.

Es folgte die Ära der damals noch nicht verbotenen Anabolika, die eine Leistungsexplosion nach sich zogen. Vor Mexico '68 markierte Jay Silvester mit 68,40 m einen Weltrekord. Doch als der Wettkampf bei Regen begann, schien ihm die Angst vor Oerter, der 1965 wegen Verletzung eine Pause eingelegt und der sich als Dritter gerade noch für das US-Olympia-Team qualifiziert hatte, im Nacken zu sitzen. Und wieder schlug das Phantom zu. Mit 64,78 warf Oerter seine Jahresbestleistung und holte sich den vierten Olympiasieg.

1970 erklärte er den Rücktritt; eine Wirbelsäulenverletzung zwang dazu. Doch über die eigentliche Karriere hinaus verunsicherte er die Konkurrenz: 1977, 41jährig, gelang dem Computer-Ingenieur aus New York das Comeback. In den USA war er Siebentbester, 1978 Sechster, 1979 Fünfter, und die Olympiaqualifikation für Moskau '80 verpaßte er als Vierter nur knapp. Aber die USA boykottierten ja sowieso. Al Oerter war 50, als er 1986 mit 62,40 m abtrat. Heute lebt er in Florida. Neues vom Diskus ist nicht bekannt geworden. Sollte es das schon gewesen sein ...?

62

Rom

Schwarze Gazelle

Wilma Rudolph war 16jährig, als sie 1956 mit der US-Staffel Bronze gewann. 1960 in Rom wurde sie Olympiasiegerin über 100, 200 und 4x100 m, und wegen ihres schönen Laufstils wurde die langbeinige Farbige »schwarze Gazelle« genannt. Mit 11,3 s stellte sie im 100-m-Semifinale den Weltrekord ein. Im Finale erreichte sie als erste Frau 11,0 s – bei 2,752 m/s Rückenwind, weshalb diese Zeit als Weltrekord auch nicht anerkannt werden konnte. Wilma Rudolph wunderte sich: »War ich nicht schneller als der Wind?« Sie war es.

Kaum jemand wußte, daß sie bereits eine zweijährige Tochter namens Yolanda Kavonne hatte, doch in der Kellogg Street 644 in Clarksville, Tennessee, mischten sich damals bei den Rudolphs schon Kinder und Enkel. 22 Kinder wurden in der Familie von Ed Rudolph, einem Halbinvaliden, und seiner zweiten Frau Blanche geboren; nur acht überlebten, unter ihnen das Sorgenkind Wilma. Als sie vier Jahre alt war, hatte sie doppelte Lungenentzündung und Scharlach; dann erkrankte sie an Kinderlähmung. Zur Behandlung mußte sie mit ihrer Mutter jeden Samstag ins 60 km entfernte Nashville-Hospital fahren, doch als sie acht war, wurde sie gesund entlassen. In der Familie nannte man sie »Skeeter« – »Moskito«. Damals spielten ihre Brüder Basketball, und Wilma hätte es wohl auch getan, wenn es nicht Ed Temple gegeben hätte. Der war Trainer eines Leichtathletik-Teams, der »Tigerbelles«, und er erkannte ihr Talent, weshalb er sie ins Sommer-Camp einlud. Temple machte aus Wilma Rudolph einen großen Star, nur zu Hause in Tennessee war sie weiter die Schwarze, die aus dem Restaurant gewiesen wurde, wenn es den weißen Gästen paßte. Ihren Abschied vom Sport erklärte sie Ende 1962. Was folgte, waren hitzige Jahre, die geprägt waren von Rassenkrawallen und privaten Krisen. Sie kam im Mai '63 in einen Tränengaseinsatz der Polizei, heiratete zweimal, wurde geschieden und brachte zwei weitere Kinder zur Welt. Der Tiefpunkt war 1967: Sie wurde als Lehrerin arbeitslos und erlitt bei einem Autounfall eine schwere Beinverletzung.

Der Wiederaufstieg war schwer erarbeitet. Sie schrieb drei Bücher und wirkte an Filmen mit. Ihre wichtigste Rolle hieß immer »Wilma«, und so – Wilma Rudolph Inc. – lautete auch der Name ihrer Firma, die Programme für behinderte Kinder ausarbeitete. Mit ihren eigenen Kindern und den Enkeln wohnte sie in einem Haus in Indianapolis; 1995 starb sie viel zu früh an Krebs.

63

Rom

Zweimal Spurtsieger

Am 26. August 1960 war Rom ein Backofen. Das erstmals ausgetragene 100-km-Mannschaftszeitfahren auf der Viale Cristoforo Colombo gewann erwartungsgemäß Italien. Das Team der Dänen, das auf Rang vier gelegen hatte, platzte nach zwei Runden. Erschöpft war der 23jährige Knud Enemark Jensen vom Rad gefallen.
Er starb, nachdem er ins Krankenhaus eingeliefert worden war. Das vermutete Doping blieb unbewiesen. Damals gab es noch keine Tests. Das IOC verlieh ihm posthum eine Goldmedaille.
Gold im italienischen Vierer hatte sich Livio Trapé geholt, und der Lockenkopf aus Montefiascone in Umbrien galt neben dem zweifachen Leipziger Weltmeister Gustav-Adolf »Täve« Schur auch als Favorit für das Einzelrennen über 175,380 km, das vier Tage später auf einem Rundkurs nahe dem Foro Italico ausgetragen wurde.

Trapé schob sich in der sechsten Runde nach vorn, in seinem Schlepptau auch der starke Russe Wiktor Kapitonow, den er 1959 auf der Friedensfahrt Berlin-Prag-Warschau kennengelernt hatte. Nach zehn Runden, 146 Kilometern, hatten beide die 13köpfige Spitze gesprengt. Als die nächste Runde sich ihrem Ende zuneigte und das Duo vor den Verfolgern bereits einen respektablen Abstand von zweieinhalb Minuten herausgefahren hatte, zog Kapitonow auf einmal überraschend zum Spurt an. Schnell hatte er einen Vorsprung herausgefahren, und nicht einmal die Tatsache, daß Trapé keinerlei Anstalten machte, an seinem Hinterrad zu bleiben, irritierte ihn. Auf der Ziellinie (großes Foto) riß der Moskauer Armeeoffizier triumphierend den Arm empor, und er staunte nicht schlecht, als ihm bedeutet wurde, er solle weiterfahren.
Schrecksekunden vergingen, ehe Kapitonow begriff: Er hatte sich um eine Runde verzählt. Indessen versuchte Trapé auf der Via Flaminia sein Heil in der Flucht. Doch Kapitonow war ein verbissener Kämpfer, und auf den verbleibenden 14,615 Kilometern schaffte er es, sich wieder heranzuarbeiten. Und das Ziel vor Augen besaß er die Nerven, den Lokalmatador zur Enttäuschung seiner Landsleute auch ein zweites Mal abzufangen. Livio Trapé war untröstlich, und der Ärger war so groß, daß er bald ins Profilager wechselte. Doch auch dort zeigte sich die Dame Fortuna launig: Beim Giro d'Italia stürzte er auf der dritten Etappe und kam nie wieder richtig in Tritt. Bald gab er auf und eröffnete ein Parfümerie-Geschäft, während Kapitonow Cheftrainer der UdSSR-Nationalmannschaft wurde.

64

Rom

Das Vollblut Armin Hary

Ein Deutscher war der »schnellste Mensch der Welt«, aber auch 1960 mußte Armin Hary erst Olympiasieger werden, ehe das anerkannt wurde. Begonnen hatte es am 6. September 1958 in Friedrichshafen, als der 21jährige saarländische Bergmannssohn die 100 m in 10,0 s – eine Zehntel unter dem Weltrekord – sprintete. Doch die Bahn hatte ein zu großes Gefälle – von neun Millimetern.
Am 21. Juni 1960, 19.45 Uhr, erreichte Hary im Züricher Letzigrund wieder 10,0 s, doch das Kampfgericht annullierte das Rennen wegen eines Fehlstarts. Es ließ sich aber darauf ein, 35 Minuten später einen zweiten Lauf auszutragen. Hary, der Schnellstarter, erreichte wieder 10,0 s – diesmal galt der Weltrekord.
Das olympische Finale am 1. September wurde zu einem Duell mit Starter Maregatti. Er hatte noch nicht geschossen, als Hary und der US-Amerikaner Dave Sime gestartet waren; verwarnt wurde keiner. Dann Fehlstart Nr. 2, diesmal war es Hary; die Wiederholung hätte Disqualifikation bedeutet. Der dritte Start: Nun hob der Kubaner Figuerola den Arm. Er hatte Probleme mit dem Startblock. Schließlich der vierte Versuch: Hary mußte auf Sicherheit gehen, doch auch ohne Startvorteil hatte er nach zehn Metern schon einen Vorsprung, den er bis ins Ziel verteidigte.
Hary, der sich mit der Staffel noch eine zweite Goldene holte, war der Schnellste, aber auch der Schlaueste. 1961 begann er mit einer Sperre wegen falscher Spesenabrechnungen, und es war im Frühjahr, 3.30 Uhr morgens, als es auf dem Berliner Kurfürstendamm einen Autounfall gab, bei dem Hary mit dem Knie gegen das Armaturenbrett stieß. Obwohl er als Amateur galt, reklamierte er auf Erwerbsunfähigkeit, die seine Versicherung mit 200 000 DM taxierte. Damit war die Laufbahn des Sprinter-Vollbluts schon zu Ende. 1966 heiratete er die Millionärstochter Tina und zog auf Sissis Schloß im bayrischen Possenhofen. Es wurde ruhig um ihn, bis er 1980 vor die Schranken des Gerichts zitiert wurde, weil der Immobilienhändler die Katholische Kirche bei Grundstücksverkäufen geprellt hatte.

65

Rom

Ein Barfüßiger erobert Rom

Die Römer hatten für den Marathonlauf als Kulisse die Via Appia Antica gewählt, und als der erste Läufer am Abend des 10. September 1960 im Ziel am Konstantin-Bogen auftauchte, war die Dunkelheit durch Fackeln erhellt. Der Name des Olympiasiegers lautete Abebe Bikila, und der 28jährige Äthiopier kam barfuß, nachdem er auf halber Strecke die ungewohnten Schuhe ausgezogen und weggeworfen hatte. Es war ein Vierteljahrhundert her, daß Mussolinis Truppen auf den Straßen, über die der Marathon führte, nach ihrem Sieg im Abessinien-Krieg paradiert hatten. Als Abebe, was »Gras« oder »Wiese« bedeutet, in seine Heimatstadt Addis Abeba zurückkehrte, wollten Zehntausende ihn sehen. Kaiser Haile Selassie empfing den Leibgardisten; als später eine Rebellion ausbrach, hatte der Negus kein Erbarmen. Er schickte auch ihn die Verbannung, dann begnadigte er und beförderte ihn sogar zum Offizier.

Nach Rom untermauerte Abebe den Ruf, mit 2:15:16,2 h der schnellste Marathonläufer zu sein. Dann schien sein Stern zu verblassen. Sechs Wochen vor Tokio '64 wurde er durch eine Blinddarmoperation zurückgeworfen. Doch am entscheidenden Tag beschämte er alle Zweifler. Von Anfang an bestimmte er das Tempo, und als erster siegte er, diesmal in Schuhen, zweimal im olympischen Marathon. Wieder mit Weltbestzeit: 2:12:11,2 h. 36jährig wurde Abebe Bikila 1968 in Mexiko-Stadt bei seinem dritten olympischen Versuch vom Glück verlassen. Nach 17 Kilometern erlitt er einen Ermüdungsbruch im Fuß und mußte aufgeben. Sein Landsmann Mamo Wolde, ein olympischer Veteran, der schon 1956 dabei gewesen war, sprang für ihn in die Bresche.

Es war am Abend des 20. März 1969, 75 km entfernt von Addis Abeba, als Abebe von einem entgegenkommenden Lastwagen geblendet wurde und mit seinem Pkw eine vier Meter hohe Böschung hinabstürzte. Dort blieb er bewußtlos liegen, ehe er nach 13 Stunden gefunden wurde. Es gab viele Versuche, sein Leben zu retten. Anfangs gelang es, wenn auch querschnittsgelähmt. Ein Jahr nach dem Unfall, während seines Aufenthalts im britischen Hospital von Stoke Mandeville, beteiligte sich der im Rollstuhl sitzende Abebe Bikila an den Weltspielen der Behindertensportler. Im Bogenschießen belegte er den neunten Platz. 1972 in München war er Ehrengast (kleines Foto). Am 25. Oktober 1973 starb er, gerade 40jährig.

Die berühmteste olympische Dynastie begründete der Faustkämpfer Diagoras aus Rhodos. Er siegte 464 v.Chr. Drei seiner Söhne und zwei Enkel wurden später Olympiasieger. Das Bild, wie er auf den Schultern seiner Kinder aus der Arena getragen wird, schmückte von 1928 bis 1968 die Rückseite der olympischen Medaille.

66

Rom

Olympische Dynastien

Über drei Generationen reichen auch die olympischen Traditionen der norwegischen Segler-Familie Lunde (Foto). Eugen Lunde, der in Berlin Schiffsingenieur studierte und in Oslo als Schuhgroßhändler arbeitete, wurde 1924 mit der »Elisabeth V«, die einem Lotterie-Syndikat gehörte, Olympiasieger. Sein 1918 geborener Sohn Peder wuchs auf der Insel Ormøya, 15 Autominuten von Oslo entfernt, zwischen allen Sorten Booten auf: mit Segeln, Rudern und Motoren. Peder entschied sich für das Segeln, auch wegen seiner Freundin Vibeke, die bis dahin ein Dinghi fuhr. Beide stiegen in ein Boot und holten 1952 in der 5,5-m-Klasse gemeinsam mit Børre Falkum-Hansen eine Silbermedaille.
1942 war Sohn Peder geboren worden, und damit begann die dritte olympische Generation. Peder Lunde jun. gewann 1960 vor Neapel am Steuer von »Sirene« im Flying Dutchman wie der Großvater eine Goldmedaille. Nachdem der Osloer Versichungsagent 1968 in der Star-Klasse dazu noch Silber geholt hatte, heiratete er die alpine Skiläuferin Aud Hvammen, die 1964 und 1968 an den Winterspielen teilnahm und deren ältere Schwester Margit 1952 dabei gewesen war. Und nun gibt es schon fünf Urenkel, die zwei Metiers gleich gut beherrschen: Segeln und Skilaufen. Jetzt heißt es warten ...
Abwarten auch in Budapest und Berlin. Albert Bogen focht 1912 in Österreichs Säbelteam, das Rang zwei belegte. Olympiadritte für Ungarn wurde 1932 seine Tochter Erna Bogen, die Aladár Gerevich, Olympiasieger von 1932 bis 1960 im Säbelfechten, heiratete. Dann folgte Sohn Pál mit zweimal Bronze (1972/1980). Eine Hockey-Familie sind die Kellers: Silber 1936 für Erwin, Gold 1972 für Carsten, Silber 1984 und Gold 1992 für Andreas. In Barcelona spielte in der »silbernen« Damenmannschaft Anke Wild. Sie und »Andy« haben einen Sohn ...

67

Gallagher wurde Dawns Mister Higgins

Bei den Frasers in Sydney war es Tradition: Die Jungen wurden Zimmerleute, die Mädchen Schneiderinnen. Eines hatten sie gemeinsam: Sie schwammen gern. Im Elkington Park begann es für Dawn Fraser. Anfangs wurde sie von einem Cousin trainiert. Der stellte ihr eines Tages Harry Gallagher aus Adelaide vor, der sie fragte, ob sie nicht bei ihm weitermachen wollte. Sie wollte, aber ihr Vater war dagegen. »Dawnie ist unser Baby, die Jüngste von acht. Sie braucht uns.« An ihrem 18. Geburtstag aber änderte er seine Meinung. Sie durfte – für sechs Monate, versuchsweise.

Harry Gallagher wurde Dawn Frasers Mr. Higgins. Er holte sie weg von den Docks und machte einen Menschen aus ihr. Sie wohnte am Pool, lebte schwimmend, aß schwimmend, schlief schwimmend, sprach schwimmend. 5.30 Uhr begann es, spät abends war Schluß. Aus sechs Monaten wurden sieben Jahre. In diesen und den nächsten zwei wurde sie viermal Olympiasiegerin und schwamm allein über 100 m Freistil elf Weltrekorde. Sie ist die einzige, die bei drei Olympischen Spielen diese Strecke gewann. Zuletzt war sie 27 Jahre alt (Foto).

Tokio '64 endete in Mißstimmung. Im Übermut hatte sie gemeinsam mit Freunden eine vor dem Kaiserpalast gehißte Olympiafahne gestohlen. Das und die Weigerung, einen offiziellen Badeanzug zu tragen, wurden von ihrem Verband zum Anlaß genommen, sie für zehn Jahre zu sperren. Dawn Fraser wehrte sich mit einem Prozeß, der sich hinschleppte. 1966 bekam sie eine Tochter. 1968 wettete sie mit einem Melbourner Journalisten um 100 Dollar, daß sie die 100 m noch immer unter 1:02 min schwimmen würde, und sie trainierte zwei Monate dafür. Während der Spiele von Mexiko-Stadt, in einer Pause, löste sie die Wette ein: Die Uhr zeigte 1:00,2 min – nur zwei Zehntel schneller schwamm die Olympiasiegerin von 1968. 1970 folgte endlich das Urteil im Prozeß – Dawn Fraser hatte gewonnen. Zu spät: Ihr Widerstandswille war inzwischen erlahmt.

68

Tokio

Ein Junge aus Hiroshima

Für die olympische Eröffnung von 1964 im Tokioter Nationalstadion wählte das Organisationskomitee eine Sprache, die alle verstanden: Letzter Fackelträger wurde Yoshinori Sakai. Der 19jährige Student der Waseda-Universität wurde am 6. August 1945 geboren; jenem Tag, als eine amerikanische Atombombe, die erste, die abgeworfen wurde, die japanische Stadt Hiroshima auslöschte. Die Sakais gehörten zu den Überlebenden, weil ihre kleine Wohnung am Stadtrand und damit weit genug weg vom Epizentrum lag. Dadurch entgingen sie der Druck- und Hitzewelle; und wie durch ein Wunder blieb auch das Neugeborene von der folgenden Strahlenverseuchung verschont. Viele Verwandte der Familie hingegen fanden den Tod.
Eigentlich wollte Yoshinori Sakai an den Spielen von 1964 als Aktiver teilnehmen, doch die Zeiten des 400-m-Läufers reichten nicht aus, um sich für sein Olympia-Team zu qualifizieren. Als die Nominierung vorüber war, erfuhr er plötzlich, daß das japanische NOK entschieden hatte, ihn als Schlußmann für die Olympia-Stafette einzusetzen, was ihn sehr überraschte: Bisher waren es meist berühmte Athleten gewesen, die mit dieser Aufgabe betraut wurden. Doch er war 19jährig und hatte nicht viel geleistet. Natürlich, hier ging es um Symbolik. So wurden diese drei Minuten, in denen Yoshinori Sakai im Mittelpunkt stand, auch in den USA begriffen. Dort wertete man die Auswahl als antiamerikanischen Akt.
Yoshinori Sakai vertrat Japan anschließend 1965 und 1967 bei den Universiaden von Budapest und Tokio. Bei den V. Asienspielen 1966 in Bangkok holte er sich hinter dem Inder Ajmer Singh über 400 m in 47,4 s eine Silbermedaille. Danach wurde er Sportjournalist, ein nicht immer ganz erfolgreicher, wie er zugibt. Er ist kein »Aufreißer«; keiner, der die Athleten bedrängt. Er denkt zuviel.

69

Tokio

Sitzfest und schlagkräftig

Eine Via triumphalis waren die Olympischen Spiele nie, und manche Highlights sind solche, die man besser mit Anführungszeichen versieht. Einer dieser »Höhepunkte« war 1964 das Boxturnier: In der Vorrunde des Federgewichts wurde Valentin Loren Bustos disqualifiziert, weil er mit der offenen Hand geschlagen hatte. Nachdem der Spanier in der zweiten Runde in die Ecke geschickt worden war, riß er sich los und versetzte Ringrichter György Serner eine linke Gerade zum Kinn. Wirkung indes zeigte der Internationale Amateur-Boxverband (AIBA). Loren Bustos wurde lebenslang disqualifiziert. Neben den schlagenden Argumenten gab es sitzfeste. Der Südkoreaner Kih Choh Dong wurde im Viertelfinale des Fliegengewichts wegen Kopfstoßens gegen den späteren Bronzemedaillengewinner Stanislaw Sorokin (UdSSR) disqualifiziert, er weigerte sich aber, den Ring zu verlassen. Mitten im Seilquadrat auf einem Hocker sitzend, gelang es ihm, seinen Protest auf 51 Minuten auszudehnen. Dann holte ein Trainer den schlechten Verlierer aus dem Ring – auch für immer übrigens.

Wer geglaubt hatte, dieser »Rekord« wäre nicht zu überbieten, sah sich 1988 eines Besseren belehrt. Beim Seouler Boxturnier gab es so spektakuläre Fehlurteile, daß bei ausländischen Beobachtern die Meinung vorherrschte, es habe keinen Zweck, gegen einheimische Kämpfer anzutreten. Und wehe, wenn die Punktrichter wie im Bantamgewicht mal den »Falschen« vorn sahen! Nachdem Byong Jong Il gegen den späteren bulgarischen Olympiazweiten Alexander Christow verloren hatte, kam es zu einer Saalschlacht. Der südkoreanische Cheftrainer und sein Assistent begannen, auf den Ringrichter einzuprügeln, und die Zuschauer warfen Wasserflaschen sowie einen Stuhl, bis endlich die Polizei eingriff, was Byong nicht hinderte, wie sein Landsmann 24 Jahre vorher ebenfalls in den Sitzstreik zu treten. 1:07 h hielt er es im Ring aus.

Selbst Veteranen konnten sich nicht erinnern, jemals einen solchen Skandal erlebt zu haben.

Diesmal aber war die AIBA nicht in Verlegenheit zu bringen. Da es in Seoul zwei Ringe gab, wurde das Turnier einfach in dem anderen fortgesetzt, so daß Byung in aller Ruhe seinen Trotzkopf abkühlen konnte. Damit war die Unsportlichkeit nicht ungeschehen, und Südkoreas Boxpräsident Kim Seung Youn übernahm die Verantwortung für seine Leute, indem er zurücktrat. Kurz danach ließ er sich wieder wählen … Auch die AIBA-Führung ging in sich und suspendierte 17 Kampfrichter, davon jene drei lebenslang, die im Halbmittelgewichtsfinale Roy Jones gegen den Lokalmatador Park verschoben hatten. Der US-Amerikaner erhielt als Trostpflaster den Val Barker Cup für den »besten Techniker«.

Sitzfest und schlagkräftig

Der südkoreanische Boxer Kih Choh Dong stellte 1964 in Tokio einen »Rekord« auf, als er 51 Minuten im Ring saß, um gegen seine Disqualifikationsniederlage zu protestieren (oben).

Ein Trainer komplimentierte ihn dann aus dem Ring. Handgreiflich ging es im Federgewicht zu: Der Spanier Valentin Loren Bustos war ebenfalls mit seiner Disqualifikation nicht einverstanden, was er unmißverständlich dem ungarischen Ringrichter György Serner klarzumachen versuchte. Allerdings kostete ihm diese unfaire Attacke die Fortsetzung seiner sportlichen Laufbahn (linke Seite).

70 Tokio

Zum Glück kein Harakiri

Als Geste beschloß das IOC 1960, Judo ins Programm aufzunehmen, ursprünglich nur für Tokio '64. Die Gastgeber der Spiele hatten in der Nippon-Budokan-Halle schon drei Kategorien gewonnen, als am vorletzten Tag ihr Akio Kaminaga und der Holländer Anton Geesink im Finale der Offenen Klasse standen. Von dem Japaner wurde nur Gold erwartet; man sah ihm den Streß an. Doch nach 8:50 min dann die nationale Tragödie: Geesink zwang Kaminaga zu Boden und siegte nach weiteren 30 s durch »Kesa-gatame« (Festhalte am Boden). 15 000 waren wie versteinert, und viele schlugen die Hände vors Gesicht.
Ohne Zweifel, Geesink war der populärste Olympiasieger, doch sein Triumph war keine Überraschung. Schon bei der ersten WM 1956 in Tokio war er Dritter, und nachdem er auch 1958 unter die letzten Fünf gekommen war, wurde er 1961 in Paris Weltmeister – als erster Nichtjapaner. Dann folgte (auch als WM gewertet) Tokio '64, und wie die Vorzüge verteilt waren, konnte man schon mit bloßem Auge sehen: Der Holländer brachte bei einer Länge von 1,98 m 102 Kilo auf die Waage, der einen halben Kopf kleinere Japaner nur 98 kg.
Nach den Spielen gab es das Gerücht, Kaminaga hätte Harakiri begangen, glücklicherweise wurde aus ihm aber der Direktor eines Stahl-Konsortiums, und Geesink traf ihn beinahe jährlich bei den WM, bis er 1993 an Krebs starb. Sein Bezwinger, der in seiner Heimatstadt Utrecht in der Anton Geesinkstraat 13 wohnt (wo er auch eine Judoschule) betreibt, wurde 1987 auf Wunsch von Juan Antonio Samaranch und gegen den Widerstand seines NOK ins IOC geholt. Im internationalen Judosport indes ist er nur noch Zuschauer: Zwar wurde ihm 1987, nach dem zehnten Judo-Buch, der rote Gürtel und damit der neunte und zweithöchste Dan verliehen, doch sein Versuch, sich zum Präsidenten der Internationalen Föderation wählen zu lassen, scheiterte schmählich. Gegen den Argentinier Sarkis Kaloghlian bekam er nur 14 von 139 Stimmen. Seine Gegner kritisieren an Geesink, daß er der Einzelkämpfer von damals geblieben ist.

71

Tokio

Radfahrende »Fåglum-Brüder«

In Schweden wurden die Petterssons »Fåglumbrödema« genannt, die radfahrenden Brüder aus Fåglum in Westgotland. Dort arbeiteten sie in der Bäckerei eines fünften: Stig Pettersson war der Einzige, der nicht den Sattel eines Rennrades drückte.
1964 in Tokio waren sie bereits eine Sensation, als sie Gösta (*1940), Sture (*1942) und Erik (*1944) – mit Sven Hamrin Bronze über 100 km gewannen. Nachdem der Vierer mit nur zwei Petterssons bei den WM 1965 Platz neun belegt hatte, war es 1967 soweit: Nun war der Jüngste, der 1947 geborene Tomas, alt genug, um in das Team aufgenommen zu werden; und als Quartett wurden sie 1967 auf Anhieb Weltmeister. Zwei Jahre, 1968 und 1969, verteidigten sie den Titel, und ausgerechnet bei den Olympischen Spielen in Mexiko-Stadt unterlief ihnen ein Schönheitsfehler: Hinter den Holländern gewannen sie »nur« die olympische Silbermedaille.
Als dreifache Weltmeister wurden sie 1970 Profis in Italien. Erik jedoch hielt es dort nur zwei Jahre, Sture drei. Am längsten und erfolgreichsten im Geschäft war Gösta, der Älteste aus dem Quartett: Bei seinem Debüt wurde er 1970 Dritter der Tour de France, und im Jahr darauf gewann er den Giro d'Italia. Ein brüderlicher Vierer kam zwar nie wieder zustande, aber Gösta siegte 1970 zusammen mit Tomas in der Tropheo Baracchi, eine Art Championat für Zweiermannschaften.
Da sich Gösta bei den Profis auch eine schwere Schulterverletzung zugezogen hatte, wurde er als 50jähriger vorzeitig pensioniert. Erik betreibt in Vårgårda (für den dortigen Verein fuhren sie) einen Shop für Fahrräder, Tomas einen für Räder und Kinderwagen in Falkenberg, südlich von Göteborg. Sture starb unter mysteriösen Umständen 1983 an einer Gehirnblutung. Wer heute die Petterssons sucht, hat damit Schwierigkeiten: Zwei von ihnen heißen nämlich nach ihrem Geburtsort Fåglum. Nur Gösta, der immer der eigenwilligste der vier war, meinte, als Pettersson sei er bekannt genug.

72

Auf- und Absprung des Bob Beamon

Es war am Mittwoch, dem 18. Oktober 1968, 15.40 Uhr, im 2248 m hoch gelegenen Mexiko-Stadt. Der Afroamerikaner Bob Beamon, 1,91 m groß und siebzig Kilo schwer, ein Mann beinahe nur aus Haut, Muskeln und Knochen, erzielte im ersten Versuch der Weitsprung-Konkurrenz 8,90 m, womit er den gültigen Weltrekord von Ralph Boston (USA) und Igor Ter-Owanesjan (UdSSR) um 55 Zentimeter übertraf. Der Rückenwind blies mit der gerade noch gültigen Stärke von 2,0 m/s. Mit 10,7 m/s wurde die bis dahin schnellste Anlaufgeschwindigkeit gemessen. Der Absprungwinkel war mit 24 Grad günstiger, als er je bis dahin registriert worden war. Als Folge der enormen Anlaufgeschwindigkeit gewann Beamon 26 bis 52, dank des günstigen Absprungwinkels 32 bis 48 Zentimeter. Das optimale Last-Kraft-Verhältnis sowie das Eintreffen anderer günstiger Komponenten waren das Geheimnis des »Wundersprungs«.

In 100 olympischen Jahren gab es keine sportliche Leistung, die Laien wie Experten mehr beschäftigt hätte als diese acht Meter und neunzig Zentimeter. Kaum ein Superlativ, mit dem dieses Resultat und sein Verursacher nicht bedacht worden wären. Das waren der »Sprung ins nächste Jahrtausend« und ein »Vogelflug«. Bob Beamon galt als menschlicher Archaeopteryx, und er narrte die Schwerkraft. Doch nach dem weiten Sprung, der ihn zum Übermenschen stempelte, stürzte er in eine nüchterne Gegenwart mit verzerrten Maßstäben. Im Sport verspürte er keine Motivation mehr; nach einem Comeback gab er 1972 endgültig auf. Eine Geldkarriere wollte er nicht; später, als er erlebte, wie ein Carl Lewis reich wurde, tat es ihm leid.

Der Weltrekord blieb lange das einzige Kapital des stillen, bescheidenen Bob Beamon. Als Mike Powell fast 23 Jahre später bei den Weltmeisterschaften in Tokio ihn um fünf Zentimeter übertraf, fand er, er »hat mir nichts gestohlen«.

Der Sprung ins Land Utopia gelang Bob Beamon bereits im ersten Versuch. Nach den 8,90 m lief er nur noch einmal an und erreichte 8,04 m. Als der Regen einsetzte, verzichtete er auf die Fortsetzung des Wettkampfs.
Foto andere Seite: Beamon gemeinsam mit seinem Weltrekord-Vorgänger Ralph Boston (rechts), der hinter dem Berliner Klaus Beer (8,19 m) die Bronzemedaille gewann.

73

Mexiko-Stadt

Eine Geste spaltete

Das Bild ist eindeutig. Während das Sternenbanner emporgezogen und die USA-Hymne gespielt wird, strecken zwei Farbige eine im schwarzen Handschuh steckende Faust gen Himmel – das Symbol des »Black Power«. Den Blick zu Boden gesenkt, tragen sie an den Füßen schwarze Socken, das Zeichen der Armut. Bleich das Habicht-Gesicht des Marquess of Exeter, der als Leichtathletik-Präsident die Medaillen überreicht hatte – der Gentleman der Vergangenheit. Als Tommie Smith, der 200-m-Sieger, und John Carlos, der Gewinner der Bronzemedaille, zurückkamen, erwartete sie blanker Haß. Sie wurden als »Nigger« und »Kommunisten« beschimpft, weil sie es wagten, die Olympischen Spiele zur politischen Demonstration zu mißbrauchen. Ehe das NOK der USA sie aus dem Team ausschließen konnte, reagierten sie und verließen das Olympische Dorf.
Die Geste spaltete die Welt. Von den Schwarzen, aber auch vom Zweiten des Laufes, dem Australier Peter Norman, wurde sie als »Widerstand der Unterdrückten« verstanden; für das weiße Amerika aber war es die Beleidung der Fahne, und man witterte Aufruhr. Doch Smith und Carlos waren keine Anhänger der »Black Panther«, deren radikaler Führer Malcolm X den schwarzen Handschuh erst bekannt gemacht hatte. Ihr Hoffnungsträger hieß Martin Luther King, der fünf Jahre vorher in seiner berühmten Rede in Washington vor 300 000 Menschen erklärt hatte: »I have a dream…« Am 4. April 1968 war er in Memphis von einem Rassisten ermordet worden.
Die farbigen US-Athleten wollten mehr Gleichberechtigung, deswegen hatten sie sich überlegt, daß man in Mexiko etwas tun müsse – etwas Symbolisches. Carlos kam auf die Idee mit den Handschuhen, Smith gehörten sie; also teilten sie sich in das eine Paar.
Keiner allerdings rechnete damit, wie die Rebellion ankommen würde, und angesichts des späteren Hasses hätten sie wohl auch darauf verzichtet, wenn sie die Folgen geahnt hätten. Praktisch war die Karriere hinüber. Carlos versuchte es 1969 nochmals, dann entschloß auch er sich, Football zu spielen wie sein Freund Smith. Unter dem Druck nahm sich seine Frau das Leben. Das war das Schlimmste. Als L.A. '84 vor der Tür stand, sah es so aus, als würde man ihnen verzeihen. Beide wurden ins »Olympic Spirit«-Team aufgenommen, und sie machten ihre Überzeugungsarbeit in den schwarzen Ghettos gut. Heute jobt Carlos in Palm Springs als Sicherheitsbeauftragter, Smith ist Trainer in Santa Monica. Neun von zehn seiner Studenten wissen nicht, daß er der auf dem Foto ist. Von Reue jedoch keine Spur.

Eine Geste spaltete

»Black-Power«-Demonstration 1968 in Mexiko-Stadt auf dem Siegerpodest. Tommie Smith (oben), der den 200-m-Lauf in der Weltrekordzeit von 19,83 s gewonnen hatte, und John Carlos zogen danach freiwillig aus dem Olympischen Dorf aus, um nicht den Rausschmiß abzuwarten. Zwei Tage später solidarisierten sich die drei Medaillengewinner über 400 m, Lee Evans, Larry James und Ron Freeman, mit ihren Kameraden, ohne daß das für sie Folgen gehabt hätte (rechts).

74 Mexiko-Stadt

Rückwärts-Springer

Anfangs fanden viele den Stil von Dick Fosbury lächerlich. Eine Zeitung in Medford, Oregon, wo der US-Amerikaner wohnte, brachte 1964 ein Foto des 17jährigen, wie er den Hochsprung-Schulrekord auf 1,91 m verbesserte. Das Blatt nannte die Art zu springen »Flopping« (hinplumpsen); und sie verglich Fosbury mit einem Delphin.
Keiner weiß, was daraus geworden wäre, hätte der US-Amerikaner 1968 nicht auch Olympia-Gold gewonnen. Der Russe Waleri Brumel, der 1963 mit dem damaligen Erfolgsstil Straddle mit 2,28 m einen phantastischen Weltrekord aufgestellt hatte, wurde durch einen Motorradunfall schwer verletzt, und mit seiner Rückkehr war nicht zu rechnen. In der Hallensaison 1967/68 machte erstmals Fosbury mit seinem »Rückwärtsgang« auf sich aufmerksam, und vor den Spielen langte er bei 2,21 m an. In Mexiko-Stadt, begünstigt von der erstmals vorhandenen Tartananlage, steigerte er sich im richtigen Moment auf 2,24 m. Dank der Fernseh-Originalübertragung bekam der »Fosbury-Flop« eine weltweit einmalige Publicity, womit der neue Erfolgssprung geboren worden war. Binnen kurzer Zeit wimmelte es von Nachfolgern, was freilich erst möglich wurde, weil die früher üblichen Sandhaufen, auf denen die Springer landeten, inzwischen durch solche aus Schaumgummi ersetzt worden waren.
Auf den Flop war Fosbury, der ursprünglich einen Scherstil und danach ohne Erfolg den Straddle bevorzugte, eher zufällig gekommen. Irgendwann flog er mit den Schultern zuerst über die Latte, und die Beine folgten zuletzt. Auch der Bogen beim Anlauf, der später charakteristisch für die Flop-Springer wurde, entsprang keiner wissenschaftlichen Erkenntnis, vielmehr hing das mit einem Baum zusammen, um den Fosbury im Training eine Kurve machen mußte.
Der Bauingenieur, der bald das Springen aufgab, weil er keine Lust mehr hatte, aus dem Koffer zu leben, sieht heute seine Erfindung ohne Pathos. Er hält das Ganze für übertrieben: »Die Technik macht nur zehn Prozent aus, entscheidend ist die Sprungkraft.«

75

Mexiko-Stadt

Traumhochzeit und Drama

Es war eine Traumhochzeit, als die tschechische Turnerin Vera Čáslavská 24 Stunden nach dem Gewinn von drei Goldmedaillen und dem vorherigen Mehrkampf-Olympiasieg in der Kathedrale von Mexiko-Stadt mit dem Olympiazweiten von 1964 im 1500-m-Lauf, Josef Odložil, getraut wurde. Mexikos Staatspräsident Portillo sprach dazu die Einladung aus. Nach der Rückkehr schenkte sie eine ihrer Goldenen dem vom Kreml entmachteten Parteichef Alexander Dubček. Nach den Spielen trat Vera Čáslavská, die schon 1964 in Tokio als dreifache Olympiasiegerin in die Phalanx der UdSSR-Turnerinnen eingedrungen war, zurück. Doch mit ihrem Engagement für die Reformer des »Prager Frühlings«, der am 21. August 1968 jäh von sowjetischen Panzern beendet worden war, fiel sie trotz ihres Ruhmes bei den neuen Machthabern in Ungnade. 1970, nachdem ihr Mann als Armeeoffizier entlassen wurde, schickte sie Präsident Svoboda alle vom Staat verliehenen Orden zurück. Sie wurde erst 1976 rehabilitiert, nachdem sie ihre Unterschrift unter dem »Manifest der 2000 Worte« zurückgezogen hatte. 1978 ging sie mit der Familie für zwei Jahre als Trainerin nach Mexiko.

Nach der Prager »Wende« war sie die einzige Frau im Beraterteam von Staatspräsident Vaclav Havel. Im April 1990 wurde sie als NOK-Präsidentin gewählt, 1995 in Budapest als Mitglied des IOC.

Aus der Ehe mit Odložil, die 1987 geschieden wurde, gingen zwei Kinder hervor: Radka (*1969) und Martin (*1974). Es war 1993 an einem Augustabend in Domašov, wo das einstige Traumpaar ein Sommerhaus hatte, als es bei einer Disco zu einer Prügelei kam. Odložil, der erst im Juli von seinem UNO-Dienst als »Blauhelm« aus dem Irak zurückgekehrt war, wurde von mehreren jungen Leuten niedergeschlagen; der letzte und schwerste Hieb mit einem Metallring kam von seinem Sohn Martin. Odložil starb, nachdem er vier Wochen im Koma gelegen hatte. Der Prozeß zieht sich seit mehr als zwei Jahren hin. Im Frühjahr '96 soll er fortgesetzt werden.

76

Spitz konnte sein Alter nicht besiegen

Als 18jähriger war der Schwimmer Mark Spitz 1968 in Mexiko-Stadt der psychologischen Belastung nicht gewachsen, die er selbst durch die Vorhersage von fünf Goldmedaillen heraufbeschworen hatte. Er brach nervlich zusammen und gab keine überzeugende Vorstellung ab. Nachdem er versagt hatte, ließ die US-Presse kein gutes Haar an ihm.

Vier Jahre später in München war ein anderer Spitz am Start: reifer, schneller und noch besser aussehend. Wieder erschien sein Vorhaben, diesmal auf sieben Strecken zu schwimmen, mehr als kühn, doch diesmal hatte er Körper und Geist unter Kontrolle. Dem bronzehäutigen Modellathleten gelang, was noch keinem geglückt war: Er gewann sieben Goldmedaillen, stets mit Weltrekord – vier individuelle, drei in der Staffel. Mit den beiden Staffel-Erfolgen von Mexiko-Stadt war er damit neunfacher Olympiasieger und 35facher Weltrekordler. Kaum daß er sich mit den sieben Goldenen von München hatte fotografieren lassen, trat der 22jährige zurück; angeblich, um Zahnarzt zu werden. Und am 6. Mai 1973 heiratete er in Beverly Hills seine Jugendfreundin Suzy Weiner, die Tochter eines vermögenden Immobilienhändlers. Zu der Zeit wurden die Spitz-Aktien schon mit siebenstelligen Summen gehandelt, und der fotogene Bartträger träumte von einer Karriere, gegen die ein Johnny Weissmuller ein armer Schlucker gewesen sein sollte. Doch die Träume platzten wie Seifenblasen: Spitz besaß die Ausstrahlung eines Eisbergs; die Werbeverträge kippten reihenweise. Obwohl strahlender Sieger, blieb er vielen als Verlierer in Erinnerung.

Im Sommer 1989 wurde Mark Spitz Zeuge, wie sich der 32jährige Mike Bottom, der ihm 1977 seinen letzten Weltrekord abgenommen hatte, bei den USA-Meisterschaften über 100 m Schmetterling überraschend für das B-Finale qualifizierte. Spitz kalkulierte, daß er mit konzentriertem Training wenigstens ebenso weit kommen könnte, und er erzählte diese Idee bei einem Bankett

Spitz konnte sein Alter nicht besiegen

Sieben Goldmedaillen 1972 in München für den Schwimmer Mark Spitz – das schaffte in 100 olympischen Jahren kein anderer. Doch der Einstieg ins Werbe- und Filmgeschäft ging schief: Er studierte Zahnmedizin, doch einen Zahnarzt spielte er nur in den Shows (hier mit Bob Hope). Die Kritiken waren schmerzhaft.

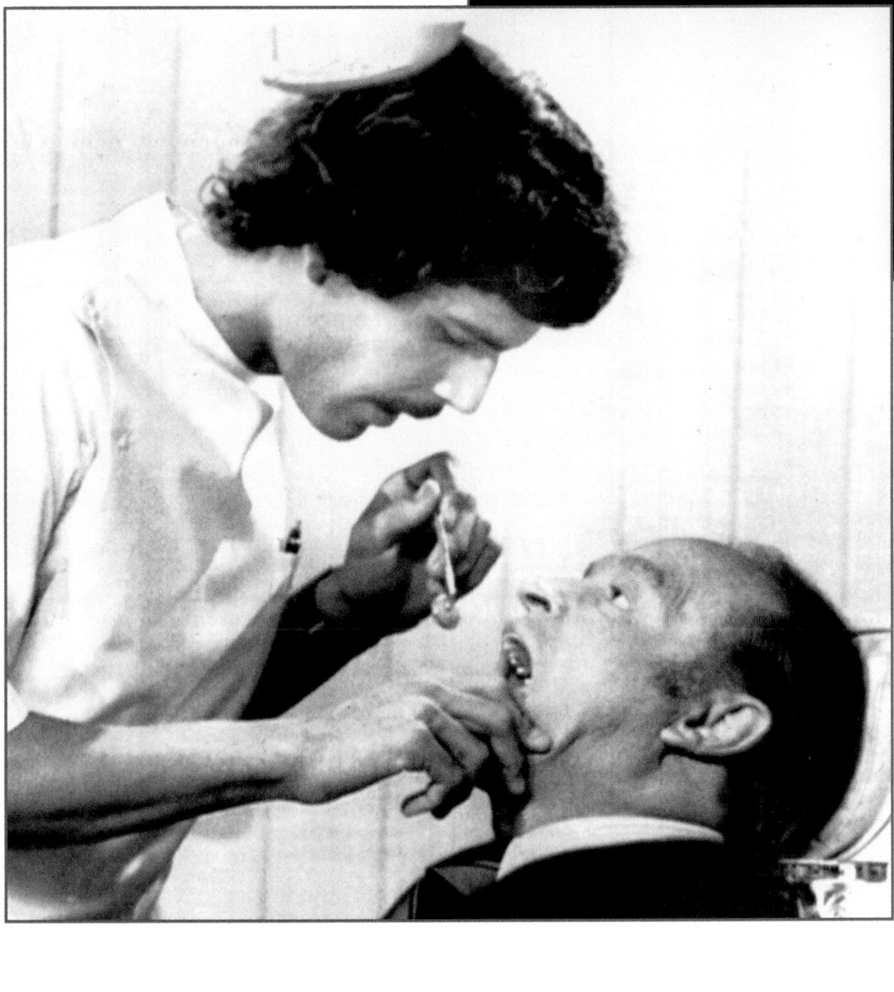

jüdischer Sportler Bud Greenspan, der Jude wie Spitz ist. Dieser hatte die offiziellen Olympiafilme von 1984 und 1988 gedreht und sah bereits eine großartige Story für 1992 vor Augen. Er fand einen Sponsor und bot Spitz eine Million Dollar, wenn er sich für das US-Olympiateam von Barcelona qualifizieren würde.
Doch das Comeback des 41jährigen am 13. April 1991 vor laufenden Fernsehkameras war ein Schlag ins Wasser. Weltrekordler Tom Jager war in Mission Viejo über 50 m Schmetterling fast zwei Sekunden schneller. Auch in der Olympia-Qualifikation konnte Spiz sein Alter nicht besiegen.

77

München

Olympischer »Tartan-Elch«

1970 kam der neuseeländische Coach Arthur Lydiard, der die Ausdauermethode erfand, ins Land von Paavo Nurmi, und Finnlands Langstreckler und ihre jungen Trainer staunten, wieviel man im Training laufen kann. Ein Jahr später in Helsinki gewann Juha Väätäinen die EM-Titel über 5000 und 10 000 m, und 1972 in München trat der 24jährige Lasse Viren seine Nachfolge an.

Das Meisterstück gelang Viren über 10 000 m. Nach der 12. Runde kollidierte er mit Mohamed Gammoudi, wobei beide stürzten. Der Tunesier gab auf, doch Viren rollte vorwärts und nahm sofort die Verfolgung auf. Im Spurt hatte er die Kraft, den Belgier Emiel Puttemans niederzuringen und mit 27:38,4 min den sieben Jahre alten Weltrekord Ron Clarkes um eine Sekunde zu unterbieten.

Doch Rekorde waren für den Polizisten aus Myrskylä, der 1972 auch die 5000 m gewann, immer nur Nebenprodukte. Viren lief nur für die Olympischen Spiele, und nachdem er 1973/74 mit einer Verletzung im Fußgelenk zu kämpfen hatte, sah ihn Montreal '76 aber rechtzeitig wieder in Top-Form. Viren gelang es, seine triumphalen Erfolge von München zu wiederholen. Seine Gegner waren wie gelähmt; keiner von ihnen fand den Mut zu einem Tempolauf. Das konnte Viren nur recht sein.

Und obwohl er bei diesen Spielen schon dreißig Kilometer in den Beinen hatte, traute er sich anschließend wie Emil Zátopek 1952, erstmals Marathon zu laufen. Sein fünfter Platz war aller Ehren wert. Ein Fernsehreporter nannte ihn anerkennend »Tartan-Elch«.

Kein Wunder also, daß die Erfolge des Finnen von Gerüchten begleitet waren. Mal sollte Rentierblut das Erfolgsgeheimnis sein, mal wurde von Blutdoping gemunkelt, Beweise indes gab es nicht.

Danach versank Viren wieder im Vergessen, und 1978 in Prag war er bei den Europameisterschaften nicht einmal am Start. Doch als die Spiele von 1980 nahten, stieg er wieder wie Phoenix aus der Asche. Indes: Ein drittes Mal wiederholte sich das olympische Wunder nicht.

Vor Beginn der Europameisterschaften 1993 wurde nahe dem Helsinkier Olympiastadion ein Denkmal eingeweiht. Der bronzene Lasse Viren steht nicht weit entfernt von Paavo Nurmi.

78

München

Kran gegen Koloß

Das Foto hat es in sich. Man sieht es dem Untermann, dem Ringer Wilfried Dietrich, an, welche Mühe es macht, den Koloß über seinen Kopf zu werfen. Es war seine größte sportliche Tat, und dem Deutschen gelang das schier Unmögliche: Er schulterte mit dem US-Amerikaner Chris Taylor den mit 182 Kilogramm schwersten Athleten, der jemals bei Olympischen Spielen an den Start ging. Für den »Kran aus Schifferstadt«, wie Dietrich genannt wurde, zahlte sich das jedoch nicht mit einer Medaille aus: Zwölf Jahre nach seinem Olympiasieg von Rom wurde er bei den Klassikern gemeinsam mit zwei anderen Superschwergewichtlern Vierter. Im Freistil, wo Dietrich Platz fünf belegte, holte Chris Taylor Bronze. Taylors Taktik war dabei ganz simpel: Der Fleischberg ließ sich von seinen Gegnern auf der Matte solange hin- und herschieben, bis diese ermattet waren. Erst dann zeigte er geringe Aktivität. Seine schwache Stelle waren Angriffe auf die Beine, die er unterbinden mußte. In München wurde ihm das im Freistil beinahe gegen den Weißrussen Alexander Medwed zum Verhängnis: Der dreifache Olympiasieger war der einzige, der ihn an den Rand einer Schulterniederlage brachte. Bei den Klassikern, wo Beinangriffe verboten sind, schaffte es nur noch der Tscheche Petr Kment, den 22jährigen aufs Kreuz zu legen.

Dietrich wandte in Vorbereitung auf seinen Kampf einen Trick an: Er stellte sich nämlich beim Aufwärmen als Sparringspartner zur Verfügung, womit er Gelegenheit bekam, um Taylors Hüfte schon einmal Maß zu nehmen. Gewagt war die Aktion dennoch, denn Dietrich mußte rechtzeitig eine Drehung einleiten, um nicht selbst in die Rückenlage zu geraten oder sich gar das Genick zu brechen. Fast auf den Tag genau vier Jahre später trafen sich die beiden schwergewichtigen Darsteller in der Wiesbadener Rhein-Main-Halle wieder. Taylor war nach seinem Studium an der Iowa State University unter die Catcher gegangen und hatte einen lukrativen Profivertrag erhalten. Vielleicht war es gut so, daß er damit seinem Vorhaben, 1976 in Montreal Olympiasieger zu werden, untreu wurde, denn der nun über 200 Kilo schwere Taylor wäre keine Werbung für das Ringen gewesen. Nach den Spielen von Los Angeles 1984 beschloß der Internationale Ringerverband für die oberste Klasse ein Limit von maximal 130 Kilo. Für Taylor allerdings hätte ein solches Stoppzeichen schon viel früher kommen müssen. Im Juni 1979 starb er an Gelbsucht und einer Venenentzündung. Wilfried Dietrich, der nach 1977 ebenfalls als Profi gerungen und dann zeitweise in Südafrika gelebt hatte, wurde 1992 zu Grabe getragen.

79

München

»Komische Karriere«

»Die Zuschauer riefen immerzu meinen Namen. Meyfarth – Meyfarth. Es war ein schönes Gefühl, daß sie meinen Namen riefen. Aber das Gefühl war sehr weit weg, und es kam mir vor, als sähe ich mir einen Film an, in dem ich überraschenderweise selbst mitspielte. Ich hatte überhaupt keine Angst, daß ich etwas falsch machen könnte. Bloß verwundert war ich, daß alles so leicht war.«
So schilderte Ulrike Meyfarth in ihrer Autobiographie »Nicht nur die Höhe verändert sich« jenen Moment, als sie am 4. September 1972 in München im Hochsprung gewann – 16jährig und mit eingestelltem Weltrekord von 1,92 m. Bei der Siegerehrung schaute sie stur auf die Masten, an denen die Fahnen hochgezogen wurden. Bloß keine Gefühlsäußerung, sagte sie sich, und ihre Mutter meinte später, so ein Gesicht hätte sie bei ihrer Tochter noch nie gesehen.
Diese Goldmedaille war ein Geschenk, für das andere jahrelang hart trainieren müssen. Bei Ulrike Meyfarth aus Wesseling bei Köln, die von ihren Eltern beinahe dazu gezwungen werden mußte, dreimal in der Woche zu trainieren, damit der lange Lulatsch von 1,88 m seine Komplexe verliert, ging jetzt erst alles richtig los. Und sie rutschte zuerst einmal in ein Tal, so daß sie irgendwann über jenen 4. September 1972 sagte: »Ich habe diesen Tag verflucht.«
Es begann damit, daß sie mit einem schwachen Notendurchschnitt am Numerus clausus scheiterte, und nur mühsam fand sie Zugang zur Kölner Sporthochschule. Mit dem anderen Geschlecht tat sie sich anfangs schwer, und 1976 in Montreal kam schon in der Qualifikation das Aus. Danach wechselte sie Verein und Trainer.
Kaum hatte sie sich mühsam nach oben gerappelt, boykottierten die Westdeutschen Moskau '80, so daß sie auf den ersten größeren Sieg bis zum Weltpokal im Jahr darauf in Rom warten mußte. Aus dem Schatten trat sie jedoch erst wieder 1982 in Athen heraus, als sie – erneut mit Weltrekord (2,02 m) – Europameisterin wurde. Mit dem Höhenflug von Los Angeles 1984, als sie gegen die Italienerin Sara Simeoni zum zweiten Mal Olympiasiegerin wurde, schloß sich dann der Kreis. Sie nannte es »meine komische Karriere«.

Ulrike Nasse-Meyfarth, die jetzt im Leverkusener Bayer-Werk als Diplom-Sportlehrerin angestellt ist und dort im Gesundheitsberatungszentrum arbeitet, wurde 1972 in München als 16jährige die jüngste Leichtathletik-Olympiasiegerin aller Zeiten in einer Einzel-Disziplin.

80

München

»The Games must go on«

Am 5. September 1972, 4.40 Uhr, beobachteten Fernmeldetechniker, wie Männer über den Zaun des Olympischen Dorfes sprangen. Wenig später hörte eine Putzfrau Schüsse aus dem Quartier der Israelis in der Connollystraße 31. 5.21 Uhr wurde die Wache alarmiert. Die Mörder kamen wie der Milchmann. Sie klingelten und erschossen den Ringertrainer Moshe Weinberg, der die Tür öffnete. Der verletzte Gewichtheber Joseph Romero verblutete elendig.

Ein palästinensisches Terrorkommando namens »Aktion Berem und Ikrit« hatte Israels Männerteam gekidnappt und verlangte die Freilassung von 200 in Israel gefangenen Gesinnungsgenossen, freies Geleit und ungehinderten Abflug in ein arabisches Land. Das Ultimatum war auf neun Uhr befristet und wurde später mehrfach verlängert. Ein Krisenstab wurde gebildet; die diplomatischen Drähte liefen sich heiß. Doch Israels Regierung war nicht bereit einzulenken. Gegen 15 Uhr wurden die Olympischen Spiele unterbrochen.

Den ganzen Tag über herrschte deprimierende Ungewißheit. Um 22.30 Uhr dann bestiegen die Palästinenser mit neun gefesselten Geiseln zwei Hubschrauber, und das Unheil verlagerte sich auf den Flugplatz Fürstenfeldbruck. Doch vorerst, 23.15 Uhr, meldete eine Agentur: »Bei einer Schießerei in Fürstenfeldbruck ist es den Geiseln gelungen, zu entkommen.« Später hieß es, vier Terroristen wären tot, drei schwer verwundet, einer entkommen – alles war falsch, und erst nachts, 2.30 Uhr, in der Pressekonferenz wurde das ganze Ausmaß der Tragödie bekannt. In Fürstenfeldbruck angekommen, eröffneten Scharfschützen das Feuer auf die Terroristen, doch durch unzureichende Abstimmung der Sicherheitsbeamten gelang es den Palästinensern, Handgranaten auf die Hubschrauber zu werfen. Die Bilanz des Massakers: Neun ermordete Israelis, ein erschossener deutscher Polizeiobermeister, fünf tote Guerillas. Drei wurden gefangen, später aber freigepreßt und von Israels Geheimdienst liquidiert. Es dauerte bis 1995, ehe in München ein Mahnmal enthüllt wurde.

Das Attentat auf die israelische Mannschaft beendete die »heiteren Spiele« von München. Scharfschützen gingen im Olympischen Dorf in Stellung (Foto gegenüberliegende Seite).

Am Tag danach, am 6. September 1972, fand im Olympiastadion für die elf ermordeten Israelis und den deutschen Polizeiobermeister Anton Fliegerbauer eine Trauerfeier statt. Die Gedenkrede hielt Bundespräsident Gustav Heinemann (Foto links). Und dann sprach IOC-Präsident Avery Brundage die entscheidenden Worte: »The Games must go on.« Sein Credo lautete: »Wir müssen in unseren Bemühungen fortfahren, sie rein und ehrlich zu halten...«

München

»The Games must go on«

81

München

»Sputnik-Schock«

Als die UdSSR 1957 den ersten künstlichen Satelliten in die Erdumlaufbahn brachte, sprach man in den USA vom »Sputnik-Schock«, und so erlebte das Basketball-Mutterland nach acht Siegen auch die erste olympische Niederlage, die Trainer Hank Iba vorausgesehen hatte: »Der Tag wird kommen, und vielleicht ist er näher, als man glaubt…« Seine Kritik: Das Team absolvierte nur zehn Testspiele gegen auf Hawaii stationierte Militärmannschaften.
In München traf die USA im Finale auf Europameister UdSSR. Die Defensivtaktik, mit der die Amerikaner ihre Wurfschwäche überdeckten, richtete sich am Ende gegen sie. Zur Halbzeit lagen sie mit 21:26 hinten, erst in den letzten Minuten holten sie auf. Sechs Sekunden vor Ende betrug der Rückstand einen Punkt, als Doug Collins gefoult wurde. Er erhielt zwei Freiwürfe, die er verwandelte. Erstmals Führung mit 50:49; kurz danach das Schlußsignal, das bei den Amerikanern Freudentänze hervorrief. In der Hektik aber war übersehen worden, daß UdSSR-Coach Wladimir Kondraschin nach dem ersten Freiwurf Auszeit beantragt hatte. Ebenso reklamierte Referee Renato Righetto aus Brasilien eine Störung an der Anzeigetafel, so daß er eine Sekunde nachspielen lassen wollte. Nun griff der Brite R. Williams Jones, seit 1932 Generalsekretär des Internationalen Verbandes, ein und ordnete an, die Uhr drei Sekunden zurückzustellen. Die Konfusion machte sich Iwan Jedeschko zunutze. Er warf einen Paß auf Alexander Below. Der fing den Ball perfekt, täuschte zwei US-Verteidiger und traf in den Korb. 51:50 und Abpfiff – jetzt jubelten die Sowjets.
Der Protest der Amerikaner wurde von der fünfköpfigen Jury abgewiesen, und weil ein Ungar, ein Pole und ein Kubaner dazu gehörten, sahen sie sich als Opfer eines »kommunistischen Komplotts«, weshalb sie der Siegerehrung fernblieben (Foto). NOK-Präsident Clifford Buck schlug vor, künftige olympische Turniere zu boykottieren, womit er sich wenig Freunde machte. Anfang Februar 1973 wies auch die IOC-Exekutive den Antrag des NOK der USA, das Finalergebnis zu revidieren, zurück.

82

München

»Vorläufer« im Marathon

Der 16jährige Norbert Südhaus aus Wiedenbrück erlebte München '72 im Olympischen Jugendlager. Daß die Stimmung nach dem Attentat weg war, machte ihn traurig. Mit seinen Kumpels war er sich einig: Sie würden auf jeden Fall noch etwas Lustiges organisieren, aber was...?
Es war eine spontane Eingebung: Am vorletzten Tag stand er vor dem Olympiastadion in Erwartung der Marathonläufer. Ohne Probleme überwand er die Strecken-Absperrung, und der Lockenkopf rannte mit der Phantasiestartnummer 72 auf dem Rücken in Richtung Arena. Anfangs sahen in ihm alle einen Spaßvogel, doch schon hinter der nächsten Kurve waren die Zuschauer fest davon überzeugt, daß es sich nur um den führenden US-Amerikaner Frank Shorter handeln konnte.
Jetzt gab es kein Halten mehr. Als Südhaus aus dem Stadiontunnel herauskam, begrüßte der tosende Beifall der 80 000 den vermeintlich ersten Marathonläufer, und erst allmählich begriff das Publikum, daß es veralbert wurde. Die Reaktion der Funktionäre im Ziel reichte von extremer Erregung bis total beleidigt; man drohte dem Teenager mit einer Anzeige. Dann wurde er zu Willi Daume, dem Präsidenten des Organisationskomitees, geschleppt, der ihm erbost eine Standpauke hielt, der aber, nachdem die erste Wut verraucht war, die Story als das verkaufte, was sie war: ein Joke. Als Shorter dann wirklich als Erster ins Stadion lief und mit weit weniger Enthusiasmus als der »Vorläufer« empfangen wurde, da tat Südhaus das Ganze selbst leid. Er schrieb an Shorter einen Brief, um sich zu entschuldigen, bekam aber nie eine Antwort. Daß Shorter, der in seiner Geburtsstadt gewann, den Streich nicht vergessen hatte, bewies er in Montreal, als er vorher ankündigte, er werde wieder nur einen Joker vor sich ins Stadion lassen. Er wäre froh gewesen, wenn es sich dann bei Cierpinski um einen solchen gehandelt hätte...

83

Zweimal Gold in 28 Minuten

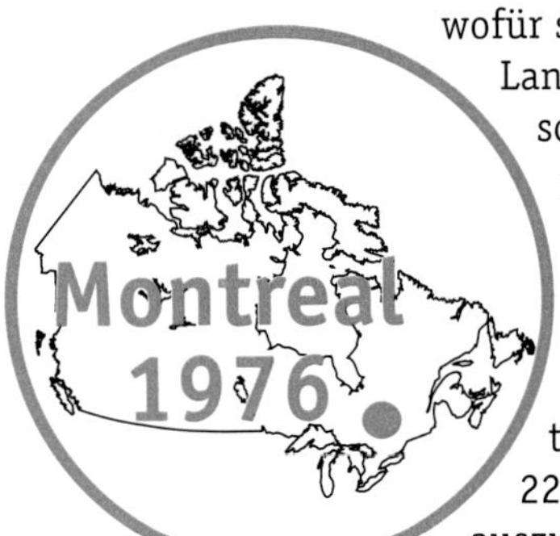

Der »Goldfisch« der 70er Jahre war Kornelia Ender. Vier Jahre nach den drei zweiten Plätzen von 1972 ließ sie viermal Gold und einmal Silber folgen.
Der »Schönheitsfehler« war die Freistilstaffel: Ihre jüngeren Mannschaftskameradinnen hatten schon zu früh und zu ausgiebig gefeiert... Es wurde Kornelia Enders letzter Wettkampf.
Die Goldmedaillen Nummer drei und vier gewann die Hallenser Oberschülerin am 22. Juli 1976 in 28 Minuten – ein einmaliger Coup. Die 17jährige war sich ihrer Sache so sicher, daß sie den Doppelstart vorher nur einmal probierte. Dabei stellte sie fest, daß das Vorhaben zuerst eine psychologische Seite hatte, wofür sie Berater benötigte. Diese fand sie in Trainer Helmut Langbein und dem sieben Jahre ungeschlagenen Rückenschwimmer Roland Matthes, der 1976 auch seine Karriere abschloß und nach viermal Gold, zweimal Silber und einmal Bronze über 100 m Rücken nochmals Rang drei belegte. Kornelia Ender und er waren seit Anfang '76 verlobt.
19.30 Uhr startete Kornelia Ender über 100 m Schmetterling, die sie in 1:00,13 min abschloß. Das war ihr 22. Weltrekord. Ihr Plan sah nun vor, zwei weitere Bahnen auszuschwimmen, um Zeit zur Erholung zu schinden. Doch an diesem Tage fingen die Offiziellen an, das Programm zu straffen. Kornelia Ender wurde aus dem Becken gefischt und zur Siegerehrung geführt, so daß sie nicht einmal Gelegenheit hatte, den Badeanzug zu wechseln, den Roland Matthes bereithielt. Noch auf dem Siegerpodest begann sie, Gymnastik zu treiben. Nach der Ehrenrunde aber entwischte sie auf die Toilette, um die Pause zu verlängern. Das gab der Masseuse Gelegenheit, ihr die Muskeln aufzulockern. 19.56 Uhr, elf Minuten später, als der Zeitplan vorsah, stand Kornelia Ender auf dem Startblock für das 200-m-Freistil-Finale, das sie in 1:59,26 min gewann. Es wurde ihr 23. und letzter Weltrekord.

Als die Offizierstochter Kornelia Ender (auf dem Foto bei der Siegerehrung in Montreal für die 200 m Freistil) am 13. April 1978 Roland Matthes heiratete, war das in der bis dahin von »Traumpaaren« weitgehend verschonten DDR eine halbe Staatsaktion, an der selbst Staatschef Erich Honecker Anteil nahm. Er ließ ein persönliches Geschenk überreichen. Fünf Monate später wurde dem Paar eine Tochter namens Franziska geboren, und alles weitere schien gut anzulaufen, als beide begannen, Medizin zu studieren. Es dauerte nicht lange, bis sich aber herausstellte, daß beide nicht zusammenpaßten. Kornelia Ender schmiß ihr Studium, und 1982 wurden sie geschieden, was sie Roland Matthes nie verzeihen konnte. Im Mai 1984 dann die zweite Hochzeit mit dem Zehnkämpfer und späteren Bobfahrer Steffen Grummt; 1985 die Geburt von Tiffany. Kornelia Grummt arbeitet in Mainz als Physiotherapeutin.

84

Montreal

Der Zweite erwartete den Sieger

Als dieses Foto geschossen wurde, das Waldemar Cierpinski im Regen in Begleitung eines kanadischen Jungen zeigt, hatte der Hallenser schon das Schwerste überstanden. Bis zum 38. Kilometer dauerte es, bis er es wagte, das erste Mal daran zu denken, er könne Marathon-Olympiasieger werden. Zu dem Zeitpunkt hatte er Frank Shorter bereits zermürbt und schließlich abgeschüttelt. Und der US-Amerikaner, der sich vorgenommen hatte, nach 1972 in Montreal wieder Gold zu erringen, wußte bis ins Ziel nicht, wer sein Bezwinger war. Weil Cierpinski ein weißes Netzhemd trug, die DDR-Athleten aber traditionell blaue Trikots besaßen, meinte Shorter, es könne sich nur um den Portugiesen Carlos Lopes handeln. Doch als er dann deutsch angesprochen wurde, war die Verwirrung komplett.

Verständlich, denn nur wenige Eingeweihte wußten um die gewachsenen Qualitäten des 26jährigen Sportstudenten, der sich erst zwei Jahre vorher dem Marathonlauf zugewandt hatte, nachdem es ihm nicht gelungen war, im 3000-m-Hindernislauf die Weltspitze zu erreichen. Am 6. Oktober 1974 versuchte er sich in Kosiče erstmals über 42,195 km, und mit 2:20:28 h fiel der Versuch unerwartet gut aus. Und ihn faszinierte die Marathon-Atmosphäre. Hätte Cierpinski seine beiden Qualifikationsrennen vor Montreal, mit denen er Platz fünf der aktuellen Weltbestenliste einnahm, etwas selbstbewußter gewertet, so hätte er sich wohl auch mutiger zu einer vorderen Plazierung bekannt. So wollte er aber »nur« Zehnter, vielleicht Sechster werden... Und selbst, als er in Montreal als Erster im Ziel war, blieb er mißtrauisch. Als er auf die Ziellinie zulief, wunderte er sich, weshalb noch immer auf der Rundenanzeige eine »1« zu lesen war. Da die Ziffer nicht verschwand, hängte er, obwohl längst Olympiasieger, noch eine Stadionrunde dran. Erst als er Shorter, der als Zweiter in die Arena gekommen war, vor sich sah, war er sich ganz sicher, nun endgültig gewonnen zu haben. Daß der Silbermedaillengewinner den Olympiasieger im Ziel erwartete, das war in der an Stories reichen Marathongeschichte auch mal etwas Neues.

85

Montreal

Doppelsieg für ein »Pferd«

Mancher versuchte sich schon im Doppel 400/800 m, und wenige gewannen sogar Medaillen. Zweimal Olympiasieger aber wurde nur einer: der Kubaner Alberto Juantorena, den seine Landsleute wegen seines ungestümen Laufstils nur »el caballo«, das Pferd, nannten.

1972 nahm er als 20jähriger teil, doch München kam zu früh: Über 400 m schied er als Fünfter im Semifinale aus. Danach litt er an einer Verletzung an der Fußsohle, weshalb er zweimal operiert wurde. Der Wiederbeginn war schwierig, und er probierte manches. Bei einem Wettkampf in Formia wurde er mit der Nase auf das Doppel gestoßen. Er sollte die 300-m-Strecke rennen, die ihm aber zu kurz war. Er stieg auf 800 m um und erreichte hervorragende 1:45,2 min. Auf die Idee mit dem Doppelstart kam Trainer Zygmunt Zabierzowsky. Der Pole hatte schon immer den Ehrgeiz, einen 800-m-Weltrekordler hervorzubringen, und glaubte, ihn in dem 1,90 m großen Juantorena gefunden zu haben. Ab Anfang 1976 bereitete er ihn auf das Wagnis vor, ohne es aber vor Montreal einmal im Wettkampf zu erproben.

Zwischen dem 23. und 31. Juli 1976 absolvierte Juantorena neun Läufe: drei über 800 m, vier über 400 m, zwei in der 4 x 400-m-Staffel. Als er die 800 m gewann, schaute er sich häufig um. Er lief so, daß es zum Sieg reichte – daß mit 1:43,5 min noch ein Weltrekord heraussprang, war eine angenehme Begleiterscheinung. Als er vier Tage später auch über 400 m Gold holte, schmerzte das vor allem die USA-Läufer, die vorher schon die 100 und 200 m verloren hatten. Mit 44,26 s erreichte Juantorena die beste auf Meereshöhe gelaufene Zeit.

Die Goldmedaille für den 800-m-Sieg schenkte er bei seiner Rückkehr nach Havanna Kubas bärtigem Staatschef Fidel Castro, auf den er selbst dann noch Hymnen sang, als dieser 1984 die Teilnahme in Los Angeles verbot, was Juantorena, der sich bei den ersten Weltmeisterschaften 1983 in Helsinki unglücklich im Vorlauf den Knöchel gebrochen hatte, um einen standesgemäßen Abschied brachte. »Das Pferd« ging danach unter die Funktionäre: Juantorena wurde ins Council des Internationalen Leichtathletikverbandes gewählt.

86

Montreal

Der Stärkste der Welt

1968 wurde der 26jährige Bergbau-Ingenieur Wassili Alexejew bei den UdSSR-Gewichtheber-Meisterschaften im Schwergewicht Dritter. Danach sagte er zu Leonid Shabotinski: »Bald bin ich so gut wie du…«, worauf der zweifache Olympionike meinte: »Wassja, du bist ein Angeber.«
Am 24. Januar 1970 hieß der »stärkste Mensch der Welt« Wassili Alexejew. In Weliki Luki stellte er drei Weltrekorde auf: Drücken 210,5 kg, Stoßen 221,5 kg, Dreikampf 595 kg. Als Alexejew zehn Jahre später abtrat, war er 80facher Weltrekordler. Die Episode von 1968 war typisch für ihn, dessen Äußeres schon imponierte: 1976 wog er 156,8 kg. Sein Brustumfang betrug 147 cm, der Oberschenkel 86 cm, Oberarm 54 cm. Und der Bauch, den er mit Selbstbewußtsein zur Schau trug? Niemand durfte ihn dort messen.
Alexejew sah tapsig wie ein Bär aus, er war es aber nicht. Er konnte 1,80 m hoch springen, die 100 m in 12,3 s laufen. Der Mann war ein Vulkan. Einerseits aufbrausend und arrogant wie eine Diva, grob wie der letzte Flegel; andererseits schläfrig, aber auch freundlich und witzig. Er brachte selbst manches Gerücht in Umlauf, vor allem bei seinen Eßgewohnheiten. Das meiste wurde von den Medien fleißig kolportiert, tatsächlich aß er Fleisch nur, wenn es sein mußte.
Es begann im hohen Norden, in Archangelsk, mit dem Heben von Bäumen. Von 1967 bis 1970 verbesserte er sein Dreikampfresultat von 500 auf 600 kg; 1977 erreichte er im Zweikampf 445 kg, die erst 1988 von seinem Landsmann Alexander Kurlowitsch überboten wurden. Zweimal war er Olympiasieger – stets vor Deutschen: 1972 30 kg vor dem Bellenberger Rudi Mang, 1976 mit 35 kg Vorsprung vor dem DDR-Heber Gerd Bonk.
1978 verschwand er für zwei Jahre von der Bühne, um 1980 als 38jähriger und 161 kg schwer ein Comeback zu wagen. Sein dritter Olympia-Start ging daneben: Dreimal versuchte er sich vergeblich im Reißen an 180 kg, das war das Aus! Zehn Jahre später kehrte er als Cheftrainer zurück, und 1992 betreute er bei den Olympischen Spielen die »Vereinigte Mannschaft«. Da hatte er sich mit seinem Kampf gegen die Dopingseuche schon viele Feinde gemacht. Ob seine Entrüstung echt war oder geheuchelt, wer weiß es? Nach Barcelona trat er jedenfalls mit lautem Grollen zurück.

87

Nadia – der Kinderstar

Die Sensation der Turn-EM 1975 war die 13jährige Rumänin Nadia Comăneci mit vier Titeln. 1976 holte sie dreimal Olympia-Gold und je einmal Silber und Bronze. Mit siebenmal »10« sorgte sie für eine Inflation an Höchstnoten. Der Kinderstar mit den traurigen Augen, der die schwierigsten Programme mit traumwandlerischer Sicherheit zeigte, beschäftigte von da an die Öffentlichkeit. Selten sah man die 1,54 m große und nur vierzig Kilo schwere Nadia lachen, ihr Gesicht zeigte eine Mischung von Konzentration und Gleichgültigkeit. Der »Montreal Star« verglich sie mit Greta Garbo. Der Vater des Erfolgs hieß Bela Karolyi, der mit seiner Frau Marta die Förster-Tochter am Turn-Lyzeum von Gheorghe Gheorghiu-Dej trainierte, der es aber auch liebte, die Peitsche zu schwingen. Bei den EM 1977 in Prag marschierten die Rumäninnen nach der Pflicht hinaus, weil sie sich verschaukelt fühlten. Und vor den WM 1978 war zu hören, die Comăneci hätte Gewichtsprobleme, doch in Strasbourg gewann sie am Schwebebalken. 1979 in Fort Worth jagte Rumänien erstmals der UdSSR-Riege den WM-Titel ab, wozu Nadia extra aus dem Hospital geholt wurde, in das sie wegen einer Blutvergiftung eingeliefert worden war. 1980 in Moskau dann die Metamorphose: Das Turnkind war erwachsen geworden. Die 18jährige verlor zwar im Mehrkampf gegen die Russin Jelena Dawydowa, sie gewann aber Olympia-Gold am Schwebebalken und am Boden. Als eine gereifte Nadia Comăneci Ende 1981 ihren Rücktritt erklärte, war Bela Karolyi schon in die USA geflohen.

Für Nadia Comăneci folgten wilde Jahre. Von zwei Suizidversuchen, einer wegen einer Affäre mit dem Ceauşescu-Sohn Nicu, war die Rede, und als sie am 27. November 1989 auf abenteuerliche Weise zu Fuß über die Grenze nach Ungarn und via Wien ebenfalls in die USA ging, wurde sie damit auch nicht froh. Die US-Öffentlichkeit kreidete ihr an, daß sie mit einem Fluchthelfer namens Constantin Panait, einem verheirateten Dachdecker und Vater von vier Kindern, durchgegangen war. Diese Beziehung war aber nur von kurzer Dauer. Bart Conner, der Barren-Olympiasieger von 1984, heißt der Nachfolger.

88

Der kleine Leutnant hielt Wort

1972 in München stand das Duell Viren-Puttemans über 10 000 m im Mittelpunkt, fast unbemerkt wurde der Äthiopier Miruts Yifter Dritter. Vier Tage später meinte ein bayrischer Ordner »Hier kommen Sie nicht rein...« Als der 5. Vorlauf über 5000 m gestartet wurde, stand Yifter noch immer vorm Tor.
Er mußte acht Jahre warten, ehe er eine neue sportliche Chance erhielt. Äthiopien schloß sich 1976 dem Boykott der Afrikaner an.
1980 in Moskau – diesmal fehlten die Nachbarn aus Kenia – gab es auf den Langstrecken ein Teamrennen Äthiopien-Finnland. Chef war der kleine Leutnant Miruts Yifter. Für das nächste Mal nahm er sich vor, Marathon zu laufen; doch 1984 und 1988 fehlten die Äthiopier wieder. Und 1992 war Yifter schon zu alt.

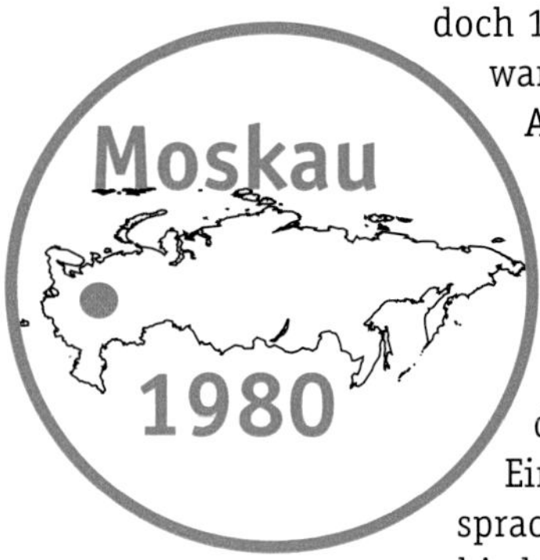

Apropos Alter. Lange galt 1947 als sein Geburtsjahr, doch in seinem Paß steht als Datum 15. Mai 1944. Allerdings heißt der Inhaber auch Yefter Muruse, was die Angelegenheit noch komplizierter macht. Einen Familiennamen gibt es in Äthiopien nicht, nur einen persönlichen, der in der Namens-Reihenfolge zuerst steht. Es folgen der von Vater und Großvater.
Eine weitere Schwierigkeit: Amharisch ist Hauptlandessprache, und bei der Transkription ins Lateinische gibt es verschiedene Versionen. Eine davon: »Miruts Yifter«, der Name, unter dem er bekannt ist. Und das Alter? Bis zur Revolution von 1974 waren 93 Prozent der Einwohner Analphabeten. Mehr als die Hälfte kennt das eigene Geburtsdatum nicht. Manche können nicht einmal das Jahr angeben.
Miruts Yifter oder wohl richtigerweise Yefter Muruse stammt aus dem Dorf Awsaja in Tigre. Seine Sprache ist Tigrina. 24jährig wurde er zur Luftwaffe nach Addis Abeba eingezogen. Dort – es war 1968 – sah er, wie sich Abebe Bikila auf seine dritten Olympischen Spiele vorbereitete. Er versprach, seinem Vorbild nachzueifern. Und er hielt sein Wort.

89

Moskau

Das Duell in kurzen Hosen

Moskau '80 litt wegen des Boykotts von einem Teil der westlichen Welt an Mangel von Stars. Nicht so aber auf den Mittelstrecken, wo mit Spannung das Duell von Sebastian Coe (Startnummer 254) und Steve Ovett (279) erwartet wurde, die sich seit den EM von 1978 aus dem Wege gegangen waren. Den Briten sagte man diskrete Feindschaft nach, die sie aber dementierten. »Wir sind nur keine Freunde«, meinte Seb Coe. Selten waren Athleten so verschieden. Der smarte, sensible Coe aus Sheffield galt als Aristokrat der Tartanbahn, der psychisch robuste Ovett aus Brighton, der Kunstgeschichte studiert hatte, hingegen als bissiger Typ, als Mann aus dem Volke, der in England beliebter war als Coe. Im Ausland war es eher umgekehrt. 1979 brach Coe mit 1:42,33 min Juantorenas 800-m-Weltrekord und holte jene über die Meile (3:49,0) und über 1500 m (3:32,1). 18 Tage vor den Spielen kam in Oslo der Rekord über 1000 m (2:13,40) hinzu. Ovett entriß ihm aber um zwei Zehntel den über die Meile, und zwei Wochen später zog er mit Coe ebenfalls in Oslo über 1500 m gleich. Alles schien klar: Coe war der Favorit für die 800 m, Ovett galt zu neunzig Prozent als Gold-Anwärter über 1500 m.
Das »Duell in kurzen Hosen« begann über 800 m. Die erste Runde wurde in langsamen 54,3 s zurückgelegt; Ovett war Sechster, Coe lauerte in letzter Position. 70 Meter vor dem Ziel zog Ovett sein Finish an und gewann in 1:45,4 min, exakt der Zeit, mit der er 1976 Fünfter geworden war. Coe erkämpfte sich noch den Silber-Platz – in seinem Fall eine schwere Niederlage. Sechs Tage später dann ein ähnlich langsames Rennen über 1500 m. 200 m vor Schluß führte noch Jürgen Straub aus der DDR vor Coe und Ovett, auf der Zielgeraden aber flog Coe an ihm vorbei. Die letzte Runde war er in 52,2 s gelaufen, die letzten 100 m in 12,1 s. Ovett hatte Probleme, hinter Straub (Nummer 338) noch Bronze zu retten. Coe war gerührt, als bei der Siegerehrung ein paar Briten die Nationalhymne sangen, während die Olympische Hymne intoniert wurde, für die sich sein NOK entschieden hatte, um die Thatcher-Regierung zu beruhigen.

90

Jesse Owens als Inspiration

1971, als Carl Lewis zehn Jahre alt war, nahm er in Philadelphia an einem Altersgruppenwettkampf teil, der den Namen von Jesse Owens trug. Der vierfache Olympiasieger von 1936 war selbst auch anwesend. Bill Lewis, Schullehrer aus Willingboro, New Jersey, und Carls Vater, tat alles, um ihm seinen Sohn vorstellen zu können. Fortan redete er sich ein, das wäre die große Inspiration gewesen.

1984 lief in L.A. die Kopie der Jesse-Owens-Story ab. Carl Lewis, der 1981 als erster Athlet seit Jesse Owens USA-Meister über 100 m und im Weitsprung geworden war und der bei den WM 1983 drei Titel (100 m, Weitsprung, 4x100 m) errungen hatte, begann mit einer Goldmedaille über 100 m – zwei Zehntelsekunden vor dem Zweiten.

Zwei Tage danach dann ein Mammutprogramm: Am Vormittag bestritt der 23jährige Schwarze über 200 m den Vorlauf, gegen Mittag den Zwischenlauf, am Abend das Weitsprungfinale. Im ersten Versuch legte Carl Lewis einen Sicherheitssprung von 8,54 m hin. Im zweiten Durchgang landete er etwa bei 8,60 m, doch der Sprung war übertreten. Daraufhin zog Lewis seine Spikes aus und machte – strotzend vor Selbstbewußtsein – Feierabend, was ihm das Publikum verübelte. Als das Endresultat an der Anzeigtafel aufleuchtete, gab es sogar Pfiffe. Diese Goldene hatte wenig Glanz, und Lewis mußte kämpfen, um über 200 m und als Schlußmann der 4x100-m-Staffel die verlorenen Sympathien zurückzugewinnen. Der Traum, als Michael Jackson des Sports vermarktet zu werden, blieb unerfüllt.

1987 gab Carl Lewis seine Goldmedaille vom 100-m-Lauf seinem Vater, der an Krebs gestorben war, mit ins Grab. Zu seiner Mutter meinte er: »Sei nicht traurig, ich werde eine andere gewinnen.« Da ahnte noch niemand, daß er 1988 durch die Disqualifikation des gedopten Kanadiers Ben Johnson tatsächlich wieder Olympiasieger auf dieser Strecke werden würde. Es war nicht sein letztes Wort.

Jesse Owens als Inspiration

Carl Lewis wurde als erster Athlet dreimal – von 1984 bis 1992 – Olympiasieger im Weitsprung, doch sein Ziel, Bob Beamons 8,90-m-Weltrekord 1968 zu brechen, erreichte er nicht. Lewis sprang zwar bei den WM 1991 in Tokio einen Zentimeter weiter, allerdings mit Rückenwind, während sein Landsmann Mike Powell regulär 8,95 m erzielte.

Links: Lewis (Startnummer 915) im 100-m-Finale von Los Angeles '84. Mit achtmal Gold und einmal Silber steht Carl »der Große« in der Tabelle der erfolgreichsten Olympiateilnehmer an siebenter Stelle. Gelingt es ihm, bei den »Jahrhundertspielen« in Atlanta am Start zu sein, hätte der dann 35jährige noch einmal die Chance, sich zu verbessern.

91

Los Angeles

Groß, größer, am größten

Der Albatros, so steht es im Lexikon, gehört zur Gattung der Sturmvögel aus der Ordnung der Röhrennasen, die mit ihren langen, schmalen Flügeln (Spannweite bis 3,5 m) ausdauernd zu segeln vermögen. Michael Groß, 2,01 m groß und mit Schuhgröße 46 ausgestattet, erreicht mit der Spannbreite seiner Arme – 2,13 m – zwar nicht ganz diese Amplitude, doch wenn der Frankfurter Schmetterling schwamm, dann ähnelte er dem Federtier. Seit ihn 1983 ein Massenblatt so genannt hatte, war er eben der »Albatros«.
Dabei hatte Groß seine Karriere eher als »Stockfisch« begonnen; immer auf der Flucht vor der Öffentlichkeit, um nicht »belabert« zu werden. Als jungen, eckigen Athleten brachte ihm das nicht nur Freunde ein; für manch Abgewiesenen war er deswegen schnell der »Flegel von Bahn vier«. Schwer einzusehen auch, daß dem jungen Mann nicht der Sinn danach stand, im Smoking herumgereicht zu werden; daß er statt der Auszeichnung als »Sportler des Jahres« im feinen Baden-Baden einen Wettkampf mit den Mannschaftskameraden vom EOSC Offenbach vorzog. Allerdings erwarb er sich damit auch Respekt, sich nicht von jedermann gleich kaufen zu lassen.

Im Sommer 1980 schwamm er schneller als der Olympiasieger über 100 m Schmetterling – nur am falschen Ort. Die Bundesdeutschen boykottierten die Moskauer Spiele. 1981, bei den EM in Split, begann er auf der gleichen Strecke mit einer Disqualifikation. Enttäuscht reiste Trainer Peter Pinck ab – 24 Stunden später holte Groß sich in Europarekordzeit den Titel über 200 m Freistil.
Dann Siege und Rekorde in Serie mit dem Höhepunkt 1984 in Los Angeles: Nacheinander gewann er mit Weltrekord 200 m Freistil und 100 m Schmetterling, um anschließend über 200 m Schmetterling gegen den Australier Jon Sieben zu verlieren – den Weltrekord noch dazu. Das tat weh.

Und vier Jahre später in Seoul war aus »Albatros« bereits ein »Suppenhuhn« geworden, nachdem er über 200 m Freistil und 100 m Schmetterling nur Platz fünf belegt hatte. Doch er brauchte solche Motivationsschübe. Am vorletzten Tag der Schwimm-Wettkämpfe holte er sich die Goldene über 200 m Schmetterling.
Nur auf den großen Sieg über 4x200 m Freistil, der Königsstaffel, mußte er bis zu den WM 1991 in Perth warten. Es gelang, nachdem sich die Deutschen vereinigt hatten. Anschließend packte der Mann, der in kein Klischee paßte, die Badehose ein, erwarb den Doktorhut (Thema: Schiller) und eröffnete in Frankfurt/Main eine Vermarktungsagentur.

92

Los Angeles

Von Geburt ein Terrorist

Als Daley Thompson im Zehnkampf von L.A. beim Stabhochsprung fünf Meter erreichte, war das Duell mit Jürgen Hingsen entschieden. Der Weltrekordler war nach dem Diskuswerfen bis auf 32 Punkte an Thompson herangekommen, und nachdem er im Training auch schon fünf Meter bezwungen hatte, hoffte er, ihm den Weg zum zweiten Olympia-Gold zu verlegen. »Hollywood-Hingsen«, wie der stets sonnengebräunte Deutsche, der lange in Kalifornien lebte und mit einer Amerikanerin verheiratet ist, von dem Briten spöttisch genannt wurde, blieb bei 4,50 m hängen. Mit 8797 Punkten verfehlte Thompson Hingsens Rekord am Ende um einen Zähler; später wurde das um einen Punkt aufgewertet, und nach Einführung einer neuen Zehnkampfwertungstabelle verlor Hingsen diesen aber 1985 dann gänzlich. Thompsons Resultat war nun 8847 Punkte wert. Thompson war schon 1976 in Montreal dabei und hatte Platz 18 belegt. Damals war er erst 18jährig, und durch den siegreichen Amerikaner Bruce Jenner, der mit 8618 Punkten einen Weltrekord aufstellte, sah er, was alles möglich ist. Damals trainierte er erst ein Jahr Zehnkampf. Doch nach Montreal ging es steil bergauf: 1977 Junioren-Weltrekord mit 8190 Punkten, 1978 Vizeeuropameister, 1980 kurzfristig Weltrekordler mit 8622 Punkten, dann Olympiasieger. Inzwischen hielt Guido Kratschmer den Weltrekord, doch der – die Bundesdeutschen boykottierten diese Spiele – saß in Moskau nur auf der Tribüne. Zwei Jahre später holte sich Thompson den Rekord zurück: erst in Götzis (8704), und als Europameister von Athen verbesserte er dann noch einmal seine eigene Marke auf 8743 – ein makelloser Sieger.
Der Farbige wuchs in dem Schwarzen-Ghetto Notting Hill Gate auf, einer rauhen Gegend in London. Als Kind war er vom Moment seiner Geburt an ein Terrorist, sagte seine Mutter, eine Schottin, über ihn. Seit Jahren hat er keinen Kontakt mehr zu ihr. Sein Vater war ein Taxifahrer aus Nigeria; er starb plötzlich, als Daley 12 Jahre alt war. Mit sieben kam Daley Thompson nach Sussex auf eine Internatsschule, und er war froh, als er diese – 16jährig – hinter sich lassen konnte. Zweimal im Jahr durfte er nach Hause, das heißt, zu einer alleinstehenden Frau namens Doreen Rayment, die er »Tante« nennt und die ihm die Ausbildung ermöglichte. Als Junge wäre er allerdings lieber Profi-Fußballer bei Fulham oder Chelsea geworden, wohin er zu Tests eingeladen worden war. »Als Farbiger«, so sagte Thompson einmal, »mußt du immer härter als andere arbeiten.«

Von Geburt ein Terrorist

Daley Thompson gewann als erster Zehnkämpfer seit Bob Mathias (1948/52) zwei olympische Goldmedaillen. Der Uerdinger Weltrekordler Jürgen Hingsen (ganz oben beim Kugelstoßen) vergab in Los Angeles seine Siegchance beim Stabhochsprung. Thompson heißt offiziell mit Vornamen Francis. Seinen Spitznamen verdankt er seinem Vater, der ihn zur besseren Unterscheidung von seinem Bruder Franklin »Ayodole« nannte, woraus in der Kurzform zuerst »Dele« und dann »Daley« wurde.

93

Greg durchbrach die Oberfläche

Ein Reporter schätzte, der Wasserspringer Greg Louganis hätte in den 18 Jahren seiner Karriere 180 000 Sprünge absolviert. Wenn ja, dann war der 180001. vom Dreimeterbrett eine Lektion: Im neunten Versuch des Vorkampfs (Foto rechts) knallte der 28jährige beim Zweieinhalb-Auerbachsalto mit dem Hinterkopf gegen das Brett und bekam 6,30 Punkte. Blut tropfte in den Pool, und Dr. James Puffer nähte die Wunde mit fünf Stichen. Dann setzte Louganis den Wettkampf fort, qualifizierte sich als Dritter und wurde im Finale zum dritten Mal Olympiasieger. Nach Gold Nummer vier vom Turm trat er zurück.

Ende Februar 1995, nach der Präsentation von »Breaking the Surface«, seiner Autobiographie, gestand Greg Louganis in einem Interview mit ABC, an AIDS erkrankt zu sein. Das wußte er seit März 1988, nachdem ein Freund, mit dem er zusammenlebte, ihm mitgeteilt hatte, daß er HIV-positiv sei. Louganis ließ sich sofort testen und erhielt den gleichen Befund. Dennoch startete er in Seoul, doch als er sich verletzte und der Arzt ihn ohne Handschuhe behandelte, machte er sich Vorwürfe. Zum Glück umsonst.

Mit seinem Buch durchbrach Louganis die Oberfläche. Es zeigt ihn als einen verletzbaren jungen Mann, der sich seit seinem Coming out als 16jähriger verstecken mußte und der sich erst im Juni 1994 mit der Teilnahme an den Gay Games in New York von den Depressionen, die ihn zu drei Selbstmordversuchen trieben, befreite. Mit einer mutigen Rede vor dem NOK der USA, das ihm zwei Wochen nach den Gay Games den Robert J. Kane Award verlieh, wandte er sich am 7. Juli 1994 in St. Louis gegen die Behörden von Cobb County in Georgia, die 1996 eine olympische Volleyball-Vorrunde ausrichten sollten, die aber mit einer Anti-Gay-Resolution den schwulen Lebensstil als »unvereinbar« mit den Standards ihrer Kommune bezeichnet hatten. Drei Wochen später wurde Cobb County die Veranstaltung entzogen.

Der US-Amerikaner Greg Louganis ist mit vier Olympiasiegen, fünf WM-Siegen und 47 US-Meistertiteln der erfolgreichste Wasserspringer aller Zeiten. 1976 war er als 16jähriger Zweiter vom Turm hinter dem Italiener Klaus Dibiasi. Louganis ist der Sohn eines Samoaners und einer Nordeuropäerin, er wurde aber schon im Alter von neun Monaten zur Adoption freigegeben. Bronzehäutig, 1,77 m und 73,5 kg, verkörperte er den Typ eines idealen Athleten. 1986 spielte er in seinem ersten Film, 1989 tanzte er in »Cinderella« den Prinz.

94

Seoul

Königin Kristin I.

Nach Seoul '88 wurde Kristin I. gekrönt, und zwar standesgemäß: Die DDR-Schwimmerin Kristin Otto erhielt eine 600 Gramm schwere, elf Zentimeter hohe Krone aus 20karätigem Gold in der Tradition des Shilla-Reiches, gestiftet von den Organisatoren der Spiele. Über die Vergabe entschied eine Jury unter Vorsitz des ungarischen IOC-Mitglieds Pál Schmitt, 1968 und 1972 Fecht-Olympiasieger. 15 Kandidatinnen und Kandidaten standen zur Auswahl. Von Kristin Otto mit Krone gibt es kein vernünftiges Foto. Als ihr das 11 000 Dollar teure Stück ausgehändigt wurde, setzte sie es einmal scheu aufs Haupt, dann verschwand es in einem Safe. Die Geste war für die 22jährige charakteristisch: Ein Glamour-Girl ist sie nicht, dafür aber wohltuend intelligent und kulturvoll.

Was Mark Spitz 1972 war, stellte sie 1988 dar. Sie startete in sechs Finals und gewann sechsmal Gold: 50 und 100 m Freistil, 100 m Rücken, 100 m Schmetterling sowie Freistil- und Lagenstaffel. Über eine 4x200-m-Stafette wie Spitz verfügte sie nicht. Wäre sie unersättlich gewesen, und hätte es der Zeitplan zugelassen, dann hätte sie auch die 200-m-Freistilstrecke schwimmen können, auf der sie 1984 schon einmal den Weltrekord hielt, und die 200-m-Lagendistanz, auf der sie 1986 Weltmeisterin war.

Kristin Otto lernte das Schwimmen in Dubna, jener Wissenschaftler-Stadt der ehemaligen UdSSR, wo ihr Vater, ein Physikprofessor, arbeitete und ihre Familie lebte. Als die Ottos nach Leipzig zurückgekehrt waren, wurde die hochgewachsene Kristin zuerst als Läuferin entdeckt, dann aber – als typisches Produkt des DDR-Sports – von ihrer Eignung her den Schwimmerinnen zugeteilt. Die ersten Erfolge hatte sie auf den Rückenstrecken, auf denen sie 1989 bei den EM in Bonn auch ihre Laufbahn beendete. Damals war sie Rundfunk-Volontärin beim Sender Leipzig, danach studierte sie Journalistik. Die Sportnachrichten des ZDF werden gelegentlich von einer Blondine gesprochen, der die sächsische Herkunft nicht anzuhören ist. Ob alle wissen, wer diese gut aussehende und charmante junge Dame als Sportlerin war?

Bescheidenheit zeichnete Kristin Otto (Foto unten 2. von unten) auch 1988 in Seoul aus: Trotz sechs Starts träumte sie lediglich von einer Goldmedaille über 100 m Freistil, ihrer Lieblingsstrecke. Mit sechs Olympiasiegen ist Kristin Otto die erfolgreichste deutsche Olympiateilnehmerin, bei den Männern ist lediglich der Dressurreiter Dr. Reiner Klimke mit sechsmal Gold und zweimal Bronze besser.

Seoul

Königin Kristin I.

95

Seoul

Geldscheine knisterten

Die Welt hielt den Atem an, als sich am 24. September 1988, 13.30 Uhr Ortszeit, die acht besten Sprinter in ihren Startblöcken niederkauerten – im Hintergrund knisterten die Geldscheine. Seit Wochen war das 100-m-Finale zum »Jahrhundertkampf« stilisiert worden, und der bullige Ben Johnson, ein auf Jamaika geborener Kanadier und 1987 in Rom Weltmeister in der Rekordzeit von 9,83 s, diktierte den Reportern den Satz: »Ich bin unschlagbar.«
Den Nachweis trat er auf den ersten fünfzig Metern an, als er im Duell Kraftpaket kontra Laufästhet 13 Hundertstelsekunden Vorsprung zwischen sich und Carl Lewis, den Sieger von 1984, legte. Exakt die Differenz bestand im Ziel, das Johnson in der Weltrekordzeit von 9,79 s als erster erreichte. Die Durchschnittsgeschwindigkeit betrug 36,77 km/h, und Lewis war einen Wimpernschlag langsamer.
Zwei Tage später folgte die Ernüchterung, als der Vorsitzende der Medizinischen Kommission des IOC, der Belgier Prinz Alexandre de Merode, der Presse eröffnete, daß Johnsons Dopingtest positiv verlaufen war. Und positiv – das war in dem Fall negativ! Die IOC-Exekutive schloß sich der Empfehlung an, den Kanadier, in dessen Urin sich das anabole Steroid Stanozolol befunden hatte, zu disqualifizieren und die Goldmedaille zugunsten von Carl Lewis einzuziehen. Während sich Johnsons Sponsoren panikartig abmeldeten, was ihm etwa zehn Millionen Dollar kostete, verließ er Seoul in Schimpf und Schande, um kurz darauf in einem »Offenen Brief an die Menschen in Kanada« seine Unschuld zu beteuern. Mehr als acht Monate später klang das anders, als er vor einer von seiner Regierung einberufenen Untersuchungskommission, die 120 Athleten, Trainer und Funktionäre vernahm, umfassend gestand, seit Jahren Dopingmittel genommen zu haben. Damit büßte er auch noch den Weltmeistertitel von Rom und den damaligen Weltrekord ein.
Dennoch waren seine Anhänger bereit, ihm zu vergeben, wie die Jubelstürme von 17 000 zeigten, als er sich am 11. Januar 1991 nach seiner Zwangspause von 29 Monaten erstmals wieder bei einem Hallenmeeting in Hamilton vorstellte; nichtsahnend, daß man es bald mit einem Rückfalltäter zu tun haben würde. Zwei Jahre danach fiel er wieder bei einem Dopingtest durch, was nun »lebenslänglich« bedeutete.

Geldscheine knisterten

Ben Johnson hätte 1988 aus Seoul als »der Größte« heimkehren können. Das 100-m-Finale gewann der Farbige in 9,79 s, was Weltrekord bedeutet hätte, wenn Johnson nicht gedopt gewesen wäre. Zwei Tage später wurde Carl Lewis zum Olympiasieger erklärt, seine Zeit von 9,92 s nachträglich als Weltrekord anerkannt. 1992, nachdem Johnsons Zwei-Jahres-Sperre abgelaufen war, war der Kanadier bei den Olympischen Spielen in Barcelona dabei. Als Achter im ersten Semifinale – in 10,70 s – spielte er aber keine Rolle.

96 Seoul

Tempolimit überschritten

Konnte je eine Athletin im Moment größter Kraftanstrengung so entspannt lachen wie »Flying Flo«? Doch das US-Sprintwunder Florence Griffith Joyner hätte das besser bleiben lassen sollen. Den 100-m-Lauf, in dem sie am 16. Juli 1988 in Indianapolis bei den US Trials sensationelle 10,49 s erreicht hatte (0,27 s unter dem Weltrekord von Evelyn Ashford), gewann sie in windbegünstigten 10,54 s – fast drei Zehntel vor Ashford. Die 200 m spulte sie in 21,34 s herunter, womit nur 37 von 71 Männer vor ihr geblieben wären. Der Weltrekord stand vor Seoul bei 21,71 s!

Nein, Florence Griffith Joyner hatte das Tempolimit für laufende Ladies eindeutig überschritten; doch das Bußgeld reduzierte sich auf verbale Schelte. Der oder die eine wollte einen dezent rasierten Damenbart gesehen haben, andere sprachen ungeschminkt von Doping, darunter der Inhaber des Pfauenthrons bei den Männern, Carl Lewis. Nur vor Gericht wollte niemand etwas beeiden, und da, anders als bei Ben Johnson, auch alle Körperflüssigkeiten unbeanstandet geblieben waren, verliefen sich am Ende die Gerüchte.

Dennoch schien die schöne Dame mysteriös. Bei den 1983er Weltmeisterschaften wurde sie Vierte über 200 m, 1984 in Los Angeles folgte Olympia-Silber, eine Plazierung, die sie 1987 bei den WM wiederholte. Mehr noch sorgte sie aber mit zentimeterlangen Fingernägeln und dem Astronauten-Look – einem Laufanzug in der Art der Eisschnelläufer – für Aufsehen. Und dann, nach ihrer Heirat mit dem Dreisprung-Olympiasieger von 1984, Al Joyner, mit 28 Jahren auf einmal diese Leistungs-Explosion...

Das war's dann aber auch. Nach Seoul trat sie zurück, um sich besser ihrer Vermarktung zu widmen. Was herauskam, war »Alles für das Kind«: TV-Sendung, Buch und Mary Ruth Joyner, ihre im November 1990 geborene Tochter. In Barcelona fehlte sie indes am Marathon-Start, was sie eigentlich mal versprochen hatte. Für Atlanta droht »Flo-Jo« damit schon wieder.

USA
SEOUL 1988
569
Games of the 24th Olympiad

97

Seoul

Christas Doppelleben

Die Zahl derer, die im Sommer und im Winter ein erfolgreiches olympisches Doppelleben führten, läßt sich an einer Hand abzählen. Zum Triumvirat gehört eine Frau, die eisschnellaufende und radsprintende Christa Luding-Rothenburger aus Dresden. Viermal nahm sie an Winterspielen teil und gewann zweimal Gold, einmal Silber und einmal Bronze. Dazu kommt noch ein zweiter Platz bei den sogenannten Sommerspielen.
Der wichtigste Tag aber war der 10. Februar 1984, als sie in Sarajevo die Gunst der Stunde nutzte, um im Schneegestöber Karin Enke im 500-m-Eissprint davonzulaufen. Das stabilisierte das Selbstbewußtsein, denn bis dahin litt sie unter einem Psycho-Knacks, der auf die 1983er Sprint-WM zurückging, für die sie als Favoritin galt. Wieder aber gewann die Teamgefährtin.
Im DDR-Lager war Christa Rothenburger bis dato eher ein Mauerblümchen. Derjenige, der sie davon erlöste, war ihr Trainer Ernst Luding; irgendwann kam Liebe dazu. Geheiratet wurde zwischen Winter- und Sommersaison, im Frühling '88, als längst feststand, daß sie erstmals die Chance haben würde, mit einem Doppelstart in die olympische Unsterblichkeit einzugehen. Dafür mußte der Coach, der seit 1976 im Sommer seine Schützlinge zum Ausgleich den Radsattel drücken ließ, geduldig argumentieren, denn die Eislauf-Verantwortlichen im erfolgshungrigen DDR-Sport taten lange so, als würde ihnen da einer etwas wegnehmen wollen. Erst 1986 erhielt Christa Rothenburger die Genehmigung, bei den Rad-WM als Sprinterin teilzunehmen, und zum Glück erfolgreich.
Einmal losgelassen, immer losgelassen: 1987 wurde sie Zweite, und 1988 in Seoul gestattete sie nur der Estin Erika Salumäe den Vortritt.
Im April 1989 kam Sohn Max zur Welt. Das war ein guter Anlaß, sich mit über dreißig vom Leistungssport zu verabschieden. Als im Herbst die »Wende« folgte und sich ein Jahr danach die DDR von selbst auflöste, überlegte sich Christa Luding das Ganze noch einmal. Sie krönte ihr Comeback 1992 in Albertville mit einer Bronzemedaille über 500 m. Dann kehrte sie zu den Geschäften ihres Fuhrunternehmens zurück.

Christa Luding-Rothenburger nahm als Sprinterin an fünf Olympischen Spielen teil: Im Winter errang sie auf dem Eis zweimal Gold und je einmal Silber und Bronze, im Sommer auf dem Rad wurde sie 1988 in Seoul Zweite hinter der Estin Erika Salumäe (links).

Der einzige, der im Sommer und im Winter Olympiasieger werden konnte, ist der US-Amerikaner Eddie Eagan. 1920 gewann er als Boxer im Halbschwergewicht (rechts), 1932 stieg er kurzfristig in den Viererbob von Pilot Bill Fiske und holte wieder Gold.
Der Dritte im Bunde ist der Norweger Jakob Tullin Thams: 1924 Erster im Skispringen, 1936 Zweiter im Segeln.

Christas Doppelleben

98

Der goldene Purzelbaum

Der erste Kilometer wurde so schnell, wie man es erwarten kann, wenn im 5000-m-Finale acht von 16 Athleten aus Afrika sind: 2:36,35 min. Die zweiten 1000 m, angeführt von Dominic Kirui aus Kenia, waren um fünf Sekunden langsamer, und die folgenden beiden waren ähnlich verbummelt. »Aha«, so sagte sich in dem Moment Dieter Baumann, »da läuft etwas schief vorne bei den Jungs.« Zehn Runden heftete sich der Blondschopf an die Fersen der schwarzen Läufer, doch 300 Meter vor Schluß, als er sich umschaute, packte ihn auf einmal die Panik: Er war von den anderen völlig eingeklemmt.
So war die Situation auch noch siebzig Meter vor dem Ziel, als ihm durch den Kopf schoß: »Jetzt Nerven behalten!« Und später: »Ich betete, daß sich eine Lücke auftut.« Es half, denn Paul Bitok, der Favorit aus Kenia, tat ihm den Gefallen. Der Schwabe breschte also vorbei und schlug hinterm Zielstrich aus überschäumender Freude einen goldenen Purzelbaum. Zum ersten Mal bei Olympischen Spielen hatte ein Deutscher den 5000-m-Lauf gewonnen. Auf einer Ehrenrunde kostete Dieter Baumann diesen Rausch aus, nicht ohne zu vergessen, sich vor der Loge von König Juan Carlos I. artig zu verbeugen.

Seit 1986 rannte der Württemberger Sohn eines Malermeisters den Afrikanern hinterher; 1988, als Olympiazweiter hinter dem Kenianer John Ngugi, allerdings hatte er als erst 23jähriger schon einen großen Erfolg gefeiert. Doch dann kamen auch schwere Zeiten: 1989 schmerzte das Knie, 1990 die Achillesferse, 1991 in Tokio war er Vierter – gern wäre er Weltmeister geworden. Bei alledem behielt er seinen ungebrochenen Frohsinn, den »frechen Schnabel« sowieso. Ein Typ wider aller Norm. Nach Barcelona heiratete Dieter Baumann seine Trainerin Isabelle Hozang, eine gebürtige Wienerin. Er wurde Deutschlands erster Lauf-Millionär und versprach, noch zehn Jahre zu rennen. Zum Glück sind 1996 in Atlanta erst vier vorbei.

Der goldene Purzelbaum

Der 27jährige Schwabe Dieter Baumann, ein gelernter Fotolaborant, der für die LG Bayer Leverkusen startet, gewann als erster Deutscher in Barcelona den 5000-m-Lauf. Seine Siegerzeit: 13:12,52 min. Hinterm Ziel ergriff die Euphorie Besitz von ihm.

99

Barcelona

Traumhafter Basketball

Als Trainer Chuck Daly erklärte, er werde aus Barcelona mit Gold zurückkehren, war das normal. Seit Basketball im Programm ist, erwartet das Amerika; wenn es nicht eintrat, gab es Verwirrung. Bis auf zwei Pannen, 1972 und 1988 gegen die UdSSR, blieb sie aus.

1992 aber war Siegen Pflicht, denn durch die Liberalisierung der Zulassungsregeln war erstmals die Teilnahme von Profis möglich, was das Spielniveau anhob. Die Amerikaner schickten daraufhin elf Basketball-Millionäre sowie einen College-Student – das »Dream Team«. Begünstigt wurde es durch politische Entwicklungen: Die »Sowjets« teilten sich in Litauer und in die »Vereinigte Mannschaft«. Jugoslawien reduzierte sich auf Kroatien.

Das »Dream Team« gab acht Vorstellungen, alle endeten dreistellig mit dem durchschnittlichen Vorsprung von 43,75 Punkten. Was für die einen die perfekte Show war, war für IOC-Präsident Juan Antonio Samaranch, der seit 1981 dafür gearbeitet hatte, den besten Athleten die Teilnahme zu ermöglichen, sogar »der wichtigste Aspekt der Spiele«. An den Einschaltquoten in den USA gemessen, mag er recht gehabt haben.

Zudem hatte er es mit der größten Ansammlung von Egozentrikern zu tun. Aus dem Olympischen Dorf zog das »Dream Team« wieder aus, weil die Anwesenheit der »Olympischen Familie« lästig zu werden drohte. Gerangel gab es mit den offiziellen Sponsoren, weil einige Spieler eigene Verträge mitbrachten und die Logos ihrer Kunden zeigen wollten. Kein Akademiker verdient in den USA so viel wie die Profis der National Basketball Association (NBA), von denen Michael »Air« Jordan die 1993er »Geldrangliste« weltweit mit einem geschätzten Einkommen von 36 Millionen Dollar anführte, davon dreißig Millionen aus Werbeverträgen. Auf Platz 18 David Robinson (9,2 Millionen) und auf Rang 34 Charles Barkley (6,5 Millionen).

Nicht mehr aufgeführt wurde damals Earvin Johnson, der geniale Regisseur der Los Angeles Lakers. Der 32jährige Schwarze hatte im November 1991 seinen Rücktritt aus der NBA erklärt, jedoch nicht, weil er den HIV-Virus in sich wußte, wie er dem erschütterten Amerika in einem Fernsehinterview mitteilte, sondern weil anonym gebliebene Spieler gefordert hatten, »Magic« solle sich nun zurückziehen. Um den olympischen Traum zu verwirklichen, ließ sich Johnson aber noch einmal für das »Dream Team« reaktivieren. Wahrscheinlich wird es ein solches wie 1992 nie wieder geben. Doch an Träumen hat es auch im US-Sport keinen Mangel. Nachdem bei den Weltmeisterschaften von 1994 in Toronto »Dream Team II« spielte (und gewann), läuft nun der Countdown für Nummer »III« ...

Barcelona

Traumhafter Basketball

Das »Dream Team« 1992 in Barcelona. Szenen einer perfekten Show im Spiel gegen Angola, das die US-Amerikaner mit 116:48 gewannen. »Magic« Johnson (unten und links/Nummer 15) am Ball. Mit der »11« Karl Malone (Utah Jazz).

Gegenüberliegende Seite: Charles Barkley (Philadelphia 76ers) am Korb. Zwei Spieler – Michael »Air« Jordan (Chicago Bulls) und Chris Mullin (Golden State Warriors) – gehörten schon 1984 zum »goldenen« US-Olympiateam, Patrick Ewing (New York Knicks) war 1988 in der Mannschaft, die Bronze gewann.

100

»Ich will nichts geschenkt haben«

In 100 Jahren fanden bisher 22mal die Spiele der Olympiade statt. Jene in Atlanta, offiziell Nummer XXVI, sind die dreiundzwanzigsten. 10 000 Athleten werden am Start sein. An allen vorherigen nahmen 72 788 teil. Fünf Sportler erlebten acht Spiele, und einer, der Segler Hubert Raudaschl aus Österreich, hat die Chance, mit der neunten Teilnahme einen Rekord aufzustellen.
Als andere es sich zwischen Weihnachten und Silvester '95 gut gehen ließen, segelte er zwischen Genua und Monte Carlo, was ihn seinem Ziel ein Stück näherbrachte. Der 53jährige wurde mit seinem Vorschotmann Andreas Hanakamp Zweiter, doch wichtiger war, daß er sich um zwei Ränge vor seinem lokalen Mitbewerber in der Star-Klasse, Stephan Schurig, plazierte. Noch zwei weitere Regatten aber stehen aus. Am 9. März ist die Entscheidung gefallen.
Schurig ist 29 Jahre alt. Kann so ein junger Bursche nicht noch ein wenig warten, um dem Senior den Vortritt zu lassen? Für Raudaschl ein absurder Gedanke: »Ich will nichts geschenkt haben.« So ist er, andernfalls würde er sich nicht um ein Ticket bewerben. Vor allem seinem 20. Rang von Barcelona, seiner schlechtesten Plazierung bei Olympischen Spielen, ist es zuzuschreiben, daß er überhaupt noch aktiv ist. »Ich habe mir gesagt, daß ich so nicht abtreten kann. Und solange ein Verband wie der österreichische in den olympischen Klassen nur drei A-Kader besitzt, habe ich auch eine Verantwortung.« Außerdem: Der am Wolfgangsee lebende Hubert Raudaschl ist Segelmacher. Als solcher muß er bei den großen Wettkämpfen sowieso dabei sein – warum nicht als Aktiver? Zudem hat er Sponsoren an der Hand, und er segelt gern vorn mit.
Und das seit mehr als dreißig Jahren. 1964 vor Enoshima nahm Raudaschl erstmals an einer olympischen Regatta teil. Damals wurde er Fünfter. Seitdem fehlte er kein einziges Mal, und am liebsten erinnert er sich natürlich an jene

Fünf Athleten nahmen bisher achtmal an Olympischen Spielen teil:

Athlet	Land	Sportart	Zeitraum
Raimondo D'Inzeo	ITA	Reiten	1948-1976
Piero D'Inzeo	ITA	Reiten	1948-1976
Paul Elvstrøm	DEN	Segeln	1948-1960, 1968/72, 1984/88
Durward Knowles	GBR/BAH	Segeln	1948-1972, 1988
Hubert Raudaschl	AUT	Segeln	1964-1992

Spiele, bei denen er Medaillen gewann: 1968 vor Acapulco im Finn und 1980 vor Tallinn im Star – beide Male hinter dem Ukrainer Walentin Mankin. Eigentlich stehen für Hubert Raudaschl ja sogar schon neunmal Olympia zu Buche, denn 1960 war er als 18jähriger Reservist dabei. 18 Jahre alt wird 1996 sein Sohn Florian, der eines Tages die Segelmacherei übernehmen soll. Vorher, darin ist er sich mit dem Junior einig, werden beide in ein Boot steigen und bei großen Regatten am Start sein. Insofern muß es kein Beinbruch sein, falls sich Raudaschl am Ende doch nicht für Atlanta qualifiziert. Dann versucht er es eben mit Florian für Sydney 2000. Und danach? Segeln wird Hubert Raudaschl immer: »Dann kommt das Hochseesegeln und so vieles andere, was unser schöner Sport bereithält ...«

Atlanta

Die Ruhe vor dem Sturm

Atlanta

Die Ruhe vor dem Sturm

Für Interview und Informationen bedankt sich der Autor bei:

Wolfram Adolphi (Berlin/Tokio), Josy Barthel (Luxemburg/†1992), Bob Beamon (Miami), Sergej Below (Moskau), Fanny Blankers-Koen (Amsterdam), Anatoli Bogdanow (Moskau), Mary Carson (Pendleton, SC/†/Ray Ewry), Waldemar Cierpinski (Halle/Saale), Ronald Clarke (London), Gladys W. Daniels (Carmel, CA/†), John Devitt (Sydney), Ilse Dörffeldt (Berlin), Jean Conan Doyle (Kent/†), Dick Fosbury (Sunvalley, Idaho), Dawn Fraser (Sydney), Philippe Gailly (Lüttich), Harrison Garrett (Brooklandville, MD), Anton Geesink (Utrecht), Erna Gerevich (Budapest), Kornelia Grummt-Ender (Mainz), Wyndham Halswell (London), Lis Hartel (Fredensborg), Alberto Juantorena (Havanna), Magda Julin (Söderbärke/†1990), Wiktor Kapitonow (Moskau), Ove Karlsson (Bagarmassen), Ágnes Keleti Biro (Herzeliya Pituach), Dr. Gerhard Krause (Krefeld), Nikolai Kuz (Moskau), Larissa Latynina (Moskau), Dr. Karl Lennartz (St. Augustin), Greg Louganis (Malibu, CA), Georgios Louis (Amaroussion), Peder Lunde, sen. (Oslo), Christa Luding (Dresden), Alain Lunzenfichter (Paris), Bill Mallon (Durham, NC), Bob Mathias (Visalia, CA), Alain Mimoun (Paris), Matti Nurmi (Turku), Richard W. O'Donnell (Honolulu/James Connolly), Harold Osborn (Champaign, IL/†1975), Reiner Oschmann (Berlin/London), Kristin Otto (Mainz), Ville Ritola (Helsinki/†1982), Hubert Raudaschl (St. Wolfgang-Ried), Wilma Rudolph (Indianapolis/†1995), Yoshinori Sakai (Tokio), Matti Salmenkylä (Helsinki), Fritz Schilgen (Kronberg/Taunus), Carl Schuhmann, jun. (Berlin), Frank Shorter (Boulder, Colorado), Leon Štukelj (Maribor), Norbert Südhaus (Bergheim bei Ingolstadt), Ture Swahn (Södertälje), Daley Thompson (London), Anita Verschoth (New York), David Wallachinsky (Mausanne-Les-Alpilles), Hans van Wissen (Amsterdam), Yefter Muruse (Addis Abeba), Juan Carlos Zabala (Buenos Aires/†1983), Dana und Emil Zátopek (Prag), Penny Zavichas (Pueblo, Colorado/Babe Didrikson).

Impressum

Projektleitung: Michael Horn
Umschlagfotos: Archiv Kluge, Ullstein Bilderdienst (Thonfeld)
Umschlaggestaltung: Theodor Bayer-Eynck

Fotos: Archiv Kluge (108); Zusatzfotos: AP (1), Archiv Segler-Zeitung (3), Behrendt(1), Camera 4 (5), dpa (1), Frenkel (2), G. Kluge (1), Schulze (5), Sven Simon (28), von der Becke (8), Ullstein Bilderdienst [26]: AP (7), dpa (11), Schlage (2), Thonfeld (2), UPI (3), von der Becke (1)

Redaktionsschluß: 31. Januar 1996
Satz: LVD GmbH, Berlin
Lithos: Novaconcept GmbH, Berlin
Druck und Bindung: Westermann Druck GmbH, Zwickau
Printed in Germany 1996
ISBN 3-328-00678-8

Gedruckt auf alterungsbeständigem Papier mit chlorfrei gebleichtem Zellstoff